ANNALES DU MUSÉE GUIMET

BIBLIOTHÈQUE DE VULGARISATION

ÉMILE SENART
MEMBRE DE L'INSTITUT

LES
CASTES DANS L'INDE

LES FAITS ET LE SYSTÈME

ERNEST LEROUX, ÉDITEUR
28, rue Bonaparte.

ANNALES DU MUSÉE GUIMET

Bibliothèque de Vulgarisation

LES

CASTES DANS L'INDE

BAUGÉ (MAINE-ET-LOIRE) IMPRIMERIE DALOUX

ÉMILE SENART

MEMBRE DE L'INSTITUT

LES CASTES

DANS L'INDE

LES FAITS ET LE SYSTÈME

PARIS

ERNEST LEROUX, ÉDITEUR

28, rue Bonaparte, 28

1896

AVANT-PROPOS

—

Ceci est une simple esquisse ; je ne l'embarrasserai pas d'une longue préface.

En écrivant une étude si brève sur un sujet si vaste, qui a enfanté tant de gros livres, je me suis proposé tout spécialement d'examiner sous quel jour se présente, en ce qui concerne la caste, la tradition religieuse et littéraire de l'Inde.

On comprendra combien ce point intéresse ma curiosité d'indianiste ; on le comprendra surtout s'il est vrai, comme je le crois, que la physionomie de la tradition en cette matière soit un cas instructif où se manifestent ses caractères essentiels, s'il est vrai que de préciser ces caractères soit une de ses tâches les plus pressantes pour l'intelligence du passé de l'Inde.

Je sais quel péril c'est de toucher des idées très générales à propos d'un ordre de faits particulier : trop d'ambition si l'on prétend aboutir à des conclusions rigoureuses ; trop d'indécision si l'on veut demeurer dans la mesure exacte d'une pensée qui n'est point achevée ; d'un côté la critique parfois peu endurante des esprits heureux qu'inspire une foi intransigeante aux formules simplistes et reçues; de l'autre, la férule des juges pressés d'arrêts amples et définitifs. C'est de quoi conseiller la prudence.

Aussi m'étais-je promis de ne réimprimer cette étude qu'en la fortifiant de quelques aperçus sur d'autres aspects de la vie religieuse de l'Inde ; j'espérais que des uns et des autres se dégagerait un faisceau plus solide d'inductions concordantes.

J'ai dû ajourner ce projet. La réimpression d'un morceau qui reste ainsi un peu isolé, ne m'autorise pas à entrer au sujet des idées générales que j'ai en vue dans le détail qu'elles appelleraient ; je ne me crois pourtant pas interdit de les signaler en passant. Elles se rattachent pour moi à des recherches déjà anciennes.

Les hymnes védiques sont composés dans une langue d'âge très antérieur à tous les autres livres ; la littérature sacerdotale, brâhmanas et upanishads anciennes, est, par la grammaire, le lexique et le style, intermédiaire entre l'idiome des hymnes et la langue de l'épopée, laquelle se différencie à son tour par des nuances archaïques du sanscrit classique des çâstras et des purânas. Tout cela est incontesté ; et cette chronologie littéraire reste pour les recherches une base indispensable. Mais emporte-t-elle toutes les conséquences qu'on en a déduites ?

Le védisme — dans sa double expression, hymnes et littérature sacerdotale —, le bouddhisme, l'hindouisme, pris comme des évolutions strictement successives, s'engendrant ou, tout au moins, se déterminant l'une l'autre ; le védisme interprété comme l'exposant complet, dans la période ancienne, de la vie religieuse ; l'hindouisme brâhmanique, comme le descendant légitime des seuls éléments védiques, se constituant peut-être par réaction contre le bouddhisme, lequel n'aurait été lui-même qu'une réaction d'initiative personnelle contre le védisme dominant : voilà la formule qui, bien qu'ébranlée sourdement, bien que contredite à l'occasion, est encore en possession d'une autorité très générale.

Je crains qu'elle n'altère gravement la perspective du passé.

Il y a longtemps que, par un témoignage d'autant plus précieux que les dates positives sont ici plus rares, par l'analyse même des traits essentiels de la légende du Bouddha, j'ai cru pouvoir démontrer, non pas, comme on me l'a fait dire trop souvent, que le Bouddha n'avait jamais existé, qu'il n'était qu'une entité solaire ou météorologique, un doublet d'Indra ou d'Apollon, mais qu'une légende épique s'était de très bonne heure cristallisée autour de son nom ; que cette légende qui n'avait pas été créée pour lui mais dont il avait hérité, était, quelque interprétation que l'on en imagine, mythique de sa nature ; qu'elle n'avait fait retour sur sa tête que parce qu'elle était antérieurement liée à des dieux ou à des héros dès longtemps populaires, pénétrée de certaines doctrines qui en avaient facilité l'application à un titulaire nouveau, humain et historique d'origine, quoique transfiguré par le zèle pieux de ses sectateurs. Il s'ensuivait que les types divins de l'hindouisme et plusieurs de ses notions essentielles devaient remonter beaucoup plus haut qu'on ne paraissait alors disposé à l'admettre, que l'hindouisme avait des racines à la fois plus profondes et plus indépendantes. Cette pensée a depuis fait du chemin. Je ne puis que me féliciter d'avoir été des premiers à lui donner corps et, peut-être, à familiariser avec elle quelques esprits.

Elle trouve, je crois, dans l'étude des castes une nouvelle confirmation.

Quelle est en raccourci la manière courante, je dis chez les mieux informés, d'en envisager les destinées ?

L'existence n'en est pas mentionnée dans les hymnes védiques ; elles n'étaient donc pas à l'époque où ils furent composés. La littérature des brâhmanas en montre les commencements. Après eux, les souvenirs de la légende épique ont gardé la trace contemporaine des modifications successives qui des quatre castes primitives ont dérivé l'état que constatent et consacrent les Livres de lois. C'est par des transformations ultérieures, par le relâchement des règles anciennes, que s'explique enfin l'écart qui s'accuse entre le témoignage des livres et l'aspect actuel du régime.

J'arrive, pour ma part, à des conclusions singulièrement différentes.

Si je vois juste, les castes n'ont jamais existé exactement telles qu'elles nous sont présentées dans les Dharmaçâstras, pas plus aux époques plus récentes que dans la période à laquelle correspondent les hymnes; aucune preuve, en revanche, ne nous force à admettre qu'elles n'aient pas existé dès les temps védiques, quoique dans une phase sans doute moins avancée de leur histoire. C'est au contraire un postulat qui s'impose, s'il est vrai que tous les germes d'où elles sont sorties dans l'Inde des conditions et du milieu propres au pays, remontent au patrimoine commun des races Indo-Européennes. Entre les Hymnes et les Livres de lois, elles ont pu prendre d'elles-mêmes une conscience plus nette, développer logiquement certaines conséquences de leurs principes générateurs ; elles n'ont pas été créées de toutes pièces.

Ce qui est nouveau, entre les deux époques, c'est l'achèvement du système brâhmanique qui, jusque dans le présent, domine théoriquement tout l'édifice de l'hindouisme.

Tel qu'il procède à l'égard de la caste, il s'appuie à la fois et sur la situation réelle, — puisqu'il constate à sa façon le démembrement de la population en sections innombrables, séparées par leur droit coutumier, — et sur la tradition védique que, en ce point comme ailleurs, il place respectueusement à la racine de tout. Mais avec l'une comme avec l'autre de ses sources, il ne laisse pas que de prendre des libertés : dans le tableau des faits il introduit un ordre arbitraire et des limitations fantaisistes ; il transporte des catégories familières aux hymnes sur un terrain tout différent. Dans les deux sens, il se révèle comme une œuvre théorique, en partie artificielle.

Si des hymnes nous descendons à la prose sacerdotale, les brâhmanas et leurs annexes reflètent une situation de fait très semblable à celle qui s'accuse dans la Smriti. Ils peuvent, par l'emploi de certains termes, se rapprocher un peu plus de l'usage des hymnes ; ils supposent visiblement, en ce qui concerne les castes, le système brâhmanique et la terminologie qu'il a consacrée. S'ils y contiennent plus d'allusions implicites qu'ils n'en font de mentions détaillées, leur nature et leur objet l'explique de reste : ils relèvent de la littérature ésotérique des brâhmanes. Le système, au contraire, dans l'Epopée et les Dharmaçâstras, vise l'ensemble de la population brâhmanisée ; ce sont des livres destinés à un usage général. Sous cet aspect au moins, rien n'interdirait de prendre les deux séries pour contemporaines, quoique à des niveaux différents.

L'examen de l'organisation sociale révèle, au-dessous de la couche védique, une autre stratification ; il s'y est superposé, en quelque sorte, avec la domination de la classe brâhmanique, une doctrine qui a été à la fois l'instrument et le signe de sa puissance.

Dans cette couche dont la tradition védique nous masque pour la haute antiquité l'aspect et l'existence même, ont pu se fondre des éléments multiples. En ce qui concerne la caste, la population aborigène a joué et continue presque sous nos yeux de jouer son rôle ; mais son action nous apparaît plutôt mécanique et secondaire qu'initiatrice et dirigeante. A en juger par ce que nous entrevoyons ici, il serait imprudent de lui attribuer dans le domaine religieux en général un apport très décisif et très fécond.

Ce qui s'est passé pour l'ordonnance des castes n'est qu'un fragment du travail qui a remanié tout l'ensemble de la vie religieuse. Et tout dépend ici, non de la date des livres, mais de la portée de leurs témoignages, de la valeur absolue des éléments qui y sont incorporés.

Un exemple pour me mieux faire entendre.

La métempsycose est la pierre angulaire de l'hindouisme. Or elle est complètement étrangère aux Hymnes. Quand nous la voyons d'abord apparaître, plus ou moins voilée, plus ou moins explicite, dans les plus anciennes upanishads, sommes-nous en présence des premiers tâtonnements d'une doctrine qui se cherche et s'élabore? Sommes-nous en présence de l'infiltration partielle dans le milieu ésotérique d'une croyance qui déjà était dominante au-dehors?

On conçoit de quelle conséquence est la réponse qui sera faite à cette question et à beaucoup d'autres qui sont connexes. Et, si le travail littéraire dans l'Inde a été le privilège à peu près exclusif d'une classe fermée, si les idées et les systèmes de cette classe, ses préjugés et ses prétentions ont incessamment agi sur sa façon de concevoir et de présenter les faits en général, spécialement les éléments auxquels elle avait été amenée à faire une place mais qu'elle ne tirait pas de son fonds propre, on comprend que j'insiste sur ce que j'appelle, pour être bref, le problème de la tradition.

Je ne prétends pas le poser ici dans ses termes définitifs. Il faudrait au préalable qu'il fût tranché ; nous sommes loin de là.

Que de difficultés préliminaires demeurent en suspens !

Les brâhmanas et leurs annexes gravitent uniquement autour du véda, du sacrifice védique. Et pourtant combien tout ce qui s'y trouve d'interprétation védique, étymologies, légendes, théories, y porte un caractère artificiel ! Combien de bizarreries et de méprises semblent déceler un temps où l'intelligence des chants est déjà obscurcie, où les idées qui les animaient ont cessé de vivre et sont devenues une matière complaisante de jeux mystiques ! La langue s'est dans l'intervalle, modifiée profondément. L'époque des brâhmanas se lie-t-elle donc directement, sans déchirement et sans secousse, à l'époque des hymnes ? En continue-t-elle la tradition intacte ? Ou bien s'est-il de l'une à l'autre produit une fissure plus ou moins profonde, plus ou moins large ?

Et, comme, malgré la parenté de langage et d'idées qui les unit, les œuvres de cette littérature sacerdotale se répartissent sur un espace de temps notable, encore faudrait-il savoir si la rédaction définitive a utilisé des matériaux uniformément anciens, dans quelle mesure elle les a remaniés et, à l'occasion, rajeunis.

Il ne semble guère possible, après les recherches dont Bergaigne a été l'initiateur, de considérer les hymnes védiques sous le jour où la génération précédente les envisageait volontiers, comme le reflet spontané et fidèle de toute la vie religieuse à une époque donnée. Ils sont composés en vue d'un cérémonial compliqué, avec des raffinements singuliers de la pensée et de la forme ; quelque fortune qu'ils aient faite, si ample que soit l'autorité qui leur est finalement échue, ce sont essentiellement les chants rituels des sacrificateurs du Soma ; ils n'embrassent qu'un secteur de l'horizon religieux.

Les brâhmanas sont plus clairement encore l'œuvre d'un milieu relativement étroit. Ils marquent l'effort d'un mysticisme d'école, abandonné à lui-même et s'évertuant, moins sur des enseignements héréditaires que sur ses propres spéculations.

Mais, quoi qu'il en puisse être, il est au moins un point qui me semble autoriser des conjectures plus fermes.

Tel que le formulent les rédactions qui nous sont parvenues des Epopées, des Livres de lois, et, avec quelques modifications secondaires, les Purânas, l'hindouisme brâhmanique nous montre, par comparaison avec le Véda, et des types divins soit entièrement nouveaux, Brahmâ, Çiva, Krishna, etc., soit profondément renouvelés, Vishnu, Indra, Varuna, et des idées directrices nouvelles, la métempsycose, les avatârs, les grandes périodes cosmiques, la puissance de l'ascèse opposée à la puissance de la gnose, d'autres encore. Ce renouvellement, je ne crois guère possible de le tirer des seuls éléments dont nous avons connaissance par la Çruti, même en tenant compte des retouches que leur aurait pu faire subir la période durant laquelle s'est élaborée la littérature sacerdotale.

Il me semble impossible de n'admettre pas un long courant sous-jacent de ce que j'ai appelé l'hindouisme populaire ; sous la main des brâhmanes qui l'ont en quelque sorte organisé, qui lui ont imposé l'apothéose du Véda et de ses détenteurs privilégiés, il a pris finalement la forme réputée orthodoxe de l'hindouisme brâhmanique. C'est de ce courant qu'auraient émergé, avec une puissance qui força l'adhésion et le concours des brâhmanes, les idées et les dieux, les légendes et les cultes qui font l'originalité du système.

Mais, supposons cette thèse acquise ; que d'obscurités encore !

Comment ? à quelle époque ? par quel mécanisme s'est opérée cette fusion ?

Et ce courant, est-il de source purement âryenne ou dans quelle mesure mélangé d'apports aborigènes ? Est-il sorti d'une fraction du peuple védique, ou est-il à l'origine le patrimoine d'un flot différent de l'immigration ?

Ce qui me paraît certain, c'est que ni l'Epopée ni surtout la Smriti ne doivent passer pour des témoins intègres et fidèles des données contemporaines. Le tableau qu'elle nous offre est un tableau composite et très arrangé ; ses auteurs, sans parvenir à dissimuler tout-à-fait la marqueterie des assemblages, y ont fondu en une ordonnance théologique et sociale des éléments très variés ; ils en ont sûrement éliminé beaucoup de traits qui n'étaient pas à leur convenance ; ils y ont surtout masqué un morcellement infini et des discordances innombrables d'un vernis assez mince d'unité et d'harmonie.

La lumière se fera-t-elle jamais sur ces mystérieuses transactions ? Il serait prématuré de l'espérer tant que les données chronologiques les plus fondamentales demeureront aussi vacillantes.

Nous assistons en ce moment même à un spectacle curieux. Après l'éblouissement des premières découvertes, on avait incliné de plus en plus à rabaisser l'âge de la littérature indienne dans toutes ses branches ; cette tendance est aujourd'hui énergiquement battue en brèche. Est-ce un simple mouvement de bascule ?

Réaction de l'esprit traditionnaliste ? A quel point, dans ces oscillations si amples, s'arrêtera le pendule, quand le champ de l'incertitude aura été mieux circonscrit ?

A coup sûr les problèmes se présenteront sous un aspect fort différent, suivant que l'on placera la composition des hymnes védiques 3500 ans ou 1200, la composition du Çatapatha brâhmana 800 ou 2500 ans avant notre ère, suivant que l'on admettra, entre la collection du Rig-véda et la rédaction du Mahâbhârata, un intervalle de cinq cents ans ou de deux ou trois mille. Je doute, à dire vrai, que nos points d'attache soient finalement rejetés d'un bond si énorme dans une antiquité si haute. Mais les impressions personnelles n'ont ici que faire.

Quoi qu'il advienne, le problème de la tradition s'imposera toujours. Il se recommandera toujours avec la même urgence aux esprits qui poursuivent une vue nette des voies qu'ont suivies, des enchevêtrements où se sont prolongées les croyances, les spéculations, les institutions, qui font l'originalité de l'Inde.

La caste y occupe une place éminente. Les vues qu'en ouvre l'étude sont, à mon avis, très instructives. Ce sera l'excuse de ces remarques. Je serais fâché de paraître outrer la portée de ce petit livre. Mais il remet en cause un ordre de préoccupations que dès longtemps je me suis efforcé de mettre en lumière, dont l'oubli trop habituel risque de fausser, sous une apparence commode mais décevante de simplicité, la vue et l'enchaînement de l'évolution religieuse. L'occasion s'offrait pour moi d'y ramener l'attention. On me pardonnera d'en avoir profité.

Je m'arrête. Je ne dois pas oublier trop longtemps que je m'adresse ici, moins à mes confrères en indianisme qu'à un cercle de lecteurs plus nombreux. J'ai voulu, en une matière qui a, de tout temps, éveillé quelque intérêt, mettre à la portée de tous les esprits cultivés des notions plus exactes et plus vivantes que celles qui ont ordinairement cours, telles enfin qu'une pratique un peu familière de l'Inde permet seule de les fixer. C'est à eux surtout que j'ai pensé en complétant cette réimpression de quelques références bibliographiques. Elles aideront à me contrôler ; elles permettront aux gens courageux de remonter de proche en proche jusqu'à des sources où ils pourront puiser une connaissance beaucoup plus étendue, plus diversifiée, des faits que j'ai dû ramasser dans un cadre étroit. La littérature du sujet est vaste. Mes notes clairsemées ne prétendent pas en donner, fût-ce un aperçu. Ce sont de simples indications. Elles auront au moins le mérite d'être assez discrètes pour ne point rebuter ceux qui ne souhaiteraient pas d'en faire leur profit.

LES
CASTES DANS L'INDE

I

LE PRÉSENT

I. Notions générales. — II. Les lois du mariage. — III. L'hérédité des occupations. — IV. Les rapprochements et les contacts impurs. — V. Règles diverses. La religion et la caste. — VI. Organisation et juridiction. — VII. Désintégration et multiplication des castes.

Nous parlons souvent *castes*. Si la chose est mal vue, le mot a fait une belle fortune. Il est pourtant d'origine étrangère et d'importation assez récente. Il nous vient du portugais *casta* et signifie proprement « race ».

Quand ils entrèrent en relation avec les populations hindoues de la côte de Malabar, les Portugais ne tardèrent pas à remarquer qu'elles étaient divisées en un grand nombre de sections héréditaires, fermées, se distinguant par la spécialité de leurs occupations. Elles se superposaient en une manière de hiérarchie, les groupes plus élevés se gardant avec un soin superstitieux de tout rapprochement avec les groupes réputés plus humbles. C'est à ces sections qu'ils donnèrent le nom de *castes*. Dix-huit siècles auparavant, les premiers Grecs qui eussent entretenu avec l'Inde des rapports un peu étroits avaient été frappés déjà de cette singularité. Mégasthène, l'ambassadeur de Séleucus, apprit à ses compatriotes que les Hindous étaient partagés en « fractions » (μέρη) [1] où les individus étaient, en quelque sorte, confinés, ne pouvant ni passer personnellement ni se marier dans une section autre que celle où ils étaient nés, ni choisir d'autre profes-

1. Le nombre de sept μέρη fixé par Mégasthène ne repose certainement que sur une connaissance ou une interprétation superficielle des faits. Il est curieux que précisément dans le Nord-ouest de l'Inde, nous retrouvions aujourd'hui encore une subdivision en sept clans comme une habitude familière à beaucoup de castes. Les témoignages grecs reposeraient-ils en dernière analyse sur une confusion avec quelque coutume de ce genre ? Il est curieux que Hérodote (II, 164), présentant la société Egyptienne comme divisée en castes, en compte également sept. Ce nombre varie du reste dans les auteurs plus récents (Cf. Mallet. *Les premiers établissements des Grecs en Egypte*, p. 410-11).

sion que celle qui leur était héréditairement dévolue.

Le fait est donc assez apparent ; le détail, les conditions particulières en sont beaucoup plus obscures. A l'égard de tous, mais surtout de l'étranger, la vie privée de l'Hindou se ferme, s'enveloppe avec une sorte de timidité digne ; il n'est point aisé d'y pénétrer. L'organisme social de l'Inde, le jeu de ses ressorts, est d'ailleurs réglé infiniment plus par la coutume, variable suivant les lieux, insaisissable dans sa complexité, que par des formules légales fixées en des textes authentiques, aisément accessibles. Les livres que l'on est accoutumé à considérer comme des recueils de lois, ne représentent pas des prescriptions rigoureusement obligatoires dans le domaine civil. Ce sont des œuvres sacerdotales. Elles laissent dans le vague une foule de points intéressans. A bien des égards, elles expriment plutôt un certain idéal théologique que des définitions strictes adaptées à la réalité. Embrouillée déjà par la diversité et par l'entre-croisement des faits, l'étude est donc plus embarrassée que servie par une théorie légale dont la précision est décevante. L'autorité en est placée si haut que cette barrière doctrinale laisse libre passage à une pratique très différente et à une variété extrême de combinaisons imprévues. Les effets en ont de tout temps paru flottans et incertains. S'étonnera-t-on que, égarés par des informations si imparfaites, les notions courantes aient, en un sujet si délicat, si éloigné de leurs prises directes, abouti à des simplifications qui leur sont aussi familières qu'elles sont en général contraires à la vérité ?

La physionomie des faits en a été gravement déformée.

On se représente volontiers les castes hindoues comme un système politique d'une stabilité inviolable, qui emprisonne les individus dans d'inflexibles entraves, dans des occupations immuables de père en fils, qui coupe, qui a coupé de tout temps aux initiatives particulières toute perspective d'ascension sociale. Des brâhmanes qui ne peuvent se consacrer qu'à la vie religieuse et aux occupations rituelles ; des soldats qui ne se peuvent recruter que dans la classe des guerriers ; des chefs qui ne peuvent sortir que de la caste royale et militaire, sans que rien ait jamais dérangé ni puisse troubler jamais un ordre sévèrement protégé de temps immémorial : c'est ainsi, je pense, que l'on envisage communément la société hindoue.

Dès le siècle dernier, on a abondamment spéculé sur cette organisation ainsi comprise. Le préjugé s'est perpétué jusque de nos jours. Des hommes éclairés, que leurs fonctions ont mis en contact durable avec les faits, qui ont écrit récemment, depuis les modernes progrès du droit comparatif, traitent encore l'institution des castes et l'interprètent sous ce jour ; ils y dénoncent le calcul réfléchi et perfide d'une classe ambitieuse. On voit ainsi d'habiles gens reprendre en quelque manière sur ce terrain la notion décidément vieillie d'un pacte conscient appliquée à l'origine des institutions sociales [1]. Faut-il s'en étonner? Ce serait oublier combien est tenace l'empire des conceptions toutes faites, monnayées en propositions courantes. Cela prouve au moins que la question est difficile. Elle est d'autant plus intéressante qu'il s'agit d'un phénomène unique, d'un régime que l'Inde seule a connu. La solution en mérite donc quelque effort.

Cette solution a pris aujourd'hui plus de prix que jamais ; elle est devenue aussi moins malaisée. La parenté constatée entre les langues indo-européennes a singulièrement rapproché de nous

---

1. Je pourrais citer de nombreux exemples. Je me contente de renvoyer à l'article de M. Sherring dans la *Calcutta Review* de 1880 sur la *Natural history of Caste*. Il est frappant combien le pandit Jogendra Chandra Ghosh, en cherchant à lui répondre, reste influencé par des vues analogues, quoiqu'il s'en dégage à plusieurs égards.

et recommandé à notre curiosité les conquérans âryens de l'Inde. L'affinité qui s'est révélée peu à peu entre les peuples anciens, non seulement dans les traditions religieuses, mais dans les élémens de l'organisation sociale, a resserré ces liens noués d'abord par la ressemblance des idiomes. N'a-t-on point parfois, de cette communauté de langue et de coutumes, tiré trop aisément sur la communauté du sang des conclusions trop absolues ? A coup sûr, l'origine commune des institutions qui, après avoir dominé le passé de nos ancêtres lointains, retentissent encore dans notre présent, prête pour nous aux évolutions qu'elles ont traversées, dans des circonstances et dans des milieux très différens, un intérêt singulier et, si j'ose dire, une saveur assez rare.

On a d'abord comparé les institutions chez des races dont leurs idiomes attestaient la parenté. La curiosité a vite débordé ce cercle, pour embrasser sans choix toutes les variétés des constitutions primitives. Je ne décide pas si l'étude n'a point perdu parfois en sûreté ce qu'elle gagnait en étendue. Même téméraires, ces reconnaissances un peu aventureuses dans l'illimité n'ont point été sans fruit. L'observation s'y est formée, le regard s'y est affiné, au grand profit des recherches plus timides ou, si l'on veut, plus prudentes.

Pendant ce temps les documens s'accumulaient ; nous avons pris de l'état des choses dans l'Inde une connaissance plus complète et plus précise. Les publications officielles du gouvernement vice-royal jouissent d'une juste renommée. Nombre de rapports fondés sur les derniers recensemens joignent à des données statistiques qui sont fort précieuses, des notices, de véritables mémoires, qui ne le sont pas moins. Nous recevons plus de lumière à l'heure où nous devenons plus capables d'en profiter.

Les habiles travaux de MM. Nesfield et Ibbetson sur les Provinces du Nord-Ouest et le Penjab, se sont complétés récemment par les recherches de M. Risley sur *les Tribus et les Castes du Bengale* qui, poursuivies avec tout le luxe des procédés propres à l'anthropologie, ont abouti en dernier lieu à un vaste *Glossaire ethnographique*. Avec un nombre infini de faits, l'auteur y a condensé ses vues d'ensemble. On peut juger avec quelles précautions, au prix de quels efforts combinés, ses élémens d'information ont été réunis et contrôlés. S'inspirant d'une foi légitime dans son vaste labeur, il fait à la critique technique un appel pressant. Je ne me flatte nullement d'y répondre ici. Je voudrais simplement faire mon profit de quelques-uns de ses aperçus ou de ses renseignemens. Ils s'inspirent surtout des faits actuels. Il y a peut-être intérêt à les considérer du point de vue de l'archéologie et de l'histoire qui est proprement le mien[1].

---

1. Je veux au moins mentionner ici les rapports généraux de M. J.-A. Baines sur le dernier recensement de l'Inde en 1891. Ce vaste travail, œuvre d'un esprit ingénieux et pénétrant, couronne dignement la série des documents du même ordre auquel je me suis référé dans cette étude. Destiné surtout à résumer et à coordonner des résultats statistiques, il n'était pas de nature à me fournir beaucoup de documents neufs soit pour l'esquisse générale soit pour les vues historiques que je me suis proposé de présenter ici.

I

Nous sommes enclins à considérer, hors de chez nous et de notre civilisation, les faits sociaux sous le même jour où ils nous apparaissent dans notre civilisation et parmi nous. C'est une habitude dont il faut se défaire en se transportant dans l'Inde.

Notre monde occidental est enfermé dans un réseau d'institutions, de lois fixes, qui laissent le moins de marge possible à l'imprévu, à la variété, aux conflits. L'Inde est essentiellement gouvernée par la coutume, autorité tenace à la fois et capricieuse, soumise à des influences locales infiniment changeantes, très puissante dans son action prochaine, fort insoucieuse des vues lointaines et de l'ordonnance des ensembles. C'est le règne de la complexité opposé au goût de la simplification, l'enchevêtrement hasardeux des organismes indépendans en face de la structure, plus ou moins heureuse, mais réfléchie et coordonnée, d'organes soigneusement distingués et contenus chacun dans une action définie. C'est que la société hindoue, en dépit de son long passé, a, jusqu'à nos jours, conservé un type très primitif. Il ne s'y est point développé un état politique comparable, je ne dis pas à notre état moderne, mais même au régime plus étroit des cités antiques. En l'absence de toute loi politique proprement dite, l'influence à la fois religieuse et sociale des brâhmanes a bien pu, par son impulsion séculaire et incessante, mais lente, successive, imprimer à l'ensemble une physionomie commune, réduire sous un certain niveau les antinomies les plus choquantes ; elle n'a pas fait l'unité, moins encore l'uniformité. Elle n'a même pas pu faire l'unité nationale ; lacune capitale et significative.

La pénétration âryenne s'est produite dans l'Inde peu à peu, inégalement. Il est douteux que, même dans le nord-ouest, l'afflux de la race envahissante ait été assez abondant pour refouler ou pour absorber complètement les populations antérieures, d'autre origine. Dans le sud, l'infiltration a été plus restreinte et plus tardive. En sorte que, dans l'Inde entière, les races non âryennes forment partout un contingent notable, quand ce n'est pas la majeure partie, de la population. Malgré le vernis uniforme passé sur l'ensemble par la civilisation conquérante, des usages, des traditions, des penchans ont donc survécu qui lui sont étrangers ou contraires. Aujourd'hui encore des groupes plus ou moins larges de ces populations anciennes entrent, sous nos yeux, dans le cadre général de la vaste communauté brâhmanique.

On prévoit ce qu'un pareil mélange, si actif et si instable, doit entraîner de complications et d'incohérences, et à quel point il en faut tenir compte si l'on veut se faire de l'état des choses une image vivante. Les faits même les plus généraux supportent des exceptions infinies. Une exposition méthodique serait immense, tant le terrain est vaste ; tout résumé est nécessairement imparfait, et trompeur en un sens, tant les espèces sont variées. Je n'ai à tenter ici ni l'un ni l'autre. Au moins faut-il essayer de bien poser le problème.

Faisons abstraction de quelques populations décidément inférieures par la race, isolées par les circonstances géographiques et par l'histoire, secondaires par l'importance numérique : l'Inde toute entière nous apparaît, non pas comme une simple collection d'individus, mais comme une agglomération d'unités corporatives. Le nombre, le nom, les caractères, la fonction en varient à l'infini ; partout elles forment le cadre invariable et, semble-t-il, nécessaire de la population. La communauté de famille s'est, dans de vastes régions, maintenue ou restaurée ; la communauté de village doit une autonomie très large soit à l'usage traditionnel, soit surtout à l'impuissance du pouvoir central ; car, avant la domination anglaise, son héritière, il ne disposait guère de rouages savans ; il limitait volontiers à la levée de l'impôt son action normale. Mais ce sont des groupes moins restreints que j'ai ici en vue. Ils ne sont de leur nature liés à aucune répartition géographique limitée ; ils embrassent beaucoup de villages ou s'enchevêtrent sur un même domaine avec une multitude de groupes analogues. Inégaux par le nombre, opposés par les usages, ils ont pourtant des traits communs qui les coordonnent en une même catégorie : ils se distinguent par des dénominations particulières, se réunissent en assemblées pour connaître de certaines affaires ; ils s'isolent par un soin jaloux à ne se point marier entre eux et par la règle qui leur interdit des uns aux autres tout contact et toute communauté de repas ; ils se différencient par leurs occupations, qui sont pour chacun spéciales et héréditaires ; ils possèdent une juridiction qui veille à l'observation stricte des règles que sanctionne leur tradition. Ce sont autant de *castes ;* il faut ajouter : ou de *quasi-castes*.

En effet, malgré la ressemblance générale de

tous ces groupes, malgré l'analogie des pratiques qu'ils maintiennent et du fonctionnement par lequel ils les maintiennent, les diversités sont profondes.

Beaucoup ont une existence toute locale ; plusieurs, des lois très exceptionnelles. L'aristocratie militaire des Naïrs, confinée sur la côte du Malabar, est fondée sur la polyandrie. Dans le Penjab où la conquête musulmane et l'infiltration constante d'éléments étrangers a sensiblement agi sur la constitution sociale du pays, des classes nombreuses, celles par exemple des Pathans, des Beloochis[1], dont le nom atteste l'origine géographique plus ou moins pure, sont affranchies de plusieurs lois qui caractérisent essentiellement la caste proprement dite. A un autre bout de l'Inde, dans le Bengale, nombre d'unités corporatives, tout en se rapprochant le plus qu'elles peuvent de la constitution consacrée pour la caste par les préceptes brâhmaniques, sont dénoncées soit par leur nom, soit par l'autorité concordante de tous les témoins, comme des groupes anâryens imparfaitement assimilés ; elles ne sont enveloppées qu'assez arbitrairement dans les cadres de l'organisation hindoue. De même partout. En

---

1. Denzil Charles Jelf Ibbetson, *Report on the census of the Panjâb* (1881), Calc. 1883, I, p. 176.

sorte que, partout, la notion de tribu ou de clan et la notion de caste se côtoient ou se pénètrent à des degrés divers.

Il nous faut pourtant déterminer avec une approximation suffisante les traits les plus généraux qui caractérisent la caste, en tant qu'il est possible d'en ramener les dégradations à un type commun.

On a souvent, — particulièrement les Hindous élevés à l'anglaise, très jaloux au fond de rapprocher le plus qu'ils peuvent leur race des nôtres et d'abaisser les barrières qui séparent l'Inde de l'Europe, — comparé les castes aux distinctions sociales qui existent parmi nous. La hiérarchie, assez instable suivant les régions, mais nettement établie dans chacune par le sentiment public, entre les diverses castes, y fournissait un prétexte naturel. La caste pourtant ne correspond que de très loin à nos classes sociales. La constitution en est autrement forte, la portée autrement précise. C'est une institution, et une institution essentielle.

Elle n'embrasse pas seulement la très grande majorité de la population de l'Inde ; elle y est si bien le cadre normal de la société, elle est si intimement liée à sa vie religieuse, que l'on a pu, non sans apparence, la considérer comme l'âme même de ce corps assez indéterminé, assez fluide, de coutumes et de croyances que l'on appelle l'hindouisme. Bien des doctrines plus ou moins hétérodoxes se sont élevées qui, — soit théoriquement et en termes exprès, soit indirectement et par la logique de leurs dogmes, — en attaquaient la légitimité ou en minaient les fondements ; ces doctrines ont disparu ou végété obscurément ; la caste a survécu indestructible. L'islamisme a de vive force pénétré dans l'Inde, il y a conquis une large place ; peu à peu la caste a triomphé de son opposition native, de ses répugnances ; presque toujours elle l'a enveloppé et retenu dans son invincible réseau. C'est en adoptant le type officiel de la caste que, de nos jours encore, les populations aborigènes qui sont demeurées le plus longtemps en dehors de la civilisation hindoue en forcent l'entrée et réclament une place au foyer commun.

Malgré les confusions que pourraient accréditer des inexactitudes de langage, il n'y a pas à proprement parler, *d'outcasts* dans l'Inde. Les individus mêmes que des causes diverses chassent de leur caste native forment bien vite le noyau de nouveaux groupements. Deux ressources seulement s'offrent à eux : ou de se faire incorporer dans des castes inférieures, ou de s'unir à des compagnons d'infortune pour constituer des castes nouvelles. Et de fait, on comprend que, dans le jeu normal de tous ces corps fermés, il n'y ait pas pour l'individu isolé de vie possible. Le Paria sur lequel, depuis Bernardin de Saint-Pierre, les âmes sensibles se sont attendries, n'est pas l'être esseulé et proscrit que l'on se figure. Le groupe auquel il appartient peut être très misérable, très méprisé ; encore appartient-il à un groupe. Il y a des castes de Parias qui, malgré tout le dédain des brâhmanes, ne se font pas faute d'avoir leurs prétentions : elles trouvent des voisines à dédaigner.

C'est dire combien fourmillent ces groupes de populations, castes ou tribus analogues à la caste. C'est par centaines qu'ils se comptent dans une province. J'en relève plus de cent vingt dans le seul district de Poona qui compte environ 900 000 habitants. Encore ce chiffre ne donne-t-il qu'une idée imparfaite du morcellement réel. Il représente le nombre des castes proprement dites ; mais la plupart se partagent en subdivisions qui, malgré la communauté du nom générique, malgré l'analogie des usages et des coutumes, forment à plusieurs égards, notamment du point de vue du mariage, autant de castes distinctes. Dans ce même district de Poona, les Brâhmanes que, de loin et sur la foi des théories, nous sommes habitués à considérer comme une caste unique pour l'Inde entière, sont réellement fractionnés en quinze castes ; quelques unes, et non des plus étendues, se scindent à leur tour en plusieurs subdivisions qui ne se marient point entre elles. Ainsi partout.

Des tableaux d'ensemble, dressés sur les recensements de 1881 [1], ne consignent pas moins de 855 castes différentes, comptant au moins mille membres ou réparties dans plus d'une province ou d'un Etat natif. En ajoutant celles qui sont moins nombreuses ou qui n'existent que dans une seule province ou un seul État, on arrive au chiffre de 1929. Combien encore ce calcul ne reste-t-il pas au dessous de la vérité ! Il enregistre sous un seul article près de 14 millions de Brâhmanes, 12 millions de Kounbis, 11 millions de Chamârs, etc. Or les uns et les autres, bien qu'ils revendiquent une dénomination identique, dans le fait, se résolvent en une multitude de castes secondaires qui constituent autant de corporations autonomes, qui se méprisent le plus souvent les unes les autres, et n'acceptent d'ordinaire ni de se marier entre elles, ni de manger en commun.

1. Kitts, *Compendium of Castes and Tribes found in India* Bombay, 1883.

C'est en effet chez toutes les castes une tendance caractéristique de se morceler en groupes de plus en plus multipliés : autant de coteries dans un milieu social commun.

Les noms que portent castes et sous-castes ne sont pas toujours transparens. A part deux ou trois titres, — comme celui de Brâhmanes, de Râjpouts, — qui sont génériques et d'emploi traditionnel, la plupart de ceux dont la signification se laisse démêler remontent par leur origine à l'une ou à l'autre de ces quatre catégories : noms géographiques empruntés suivant les cas soit à une simple localité, soit à une province ; noms professionnels, rappelant soit une occupation propre au groupe, soit, pour des castes brâhmaniques, une spécialité dans leurs attributions sacerdotales ; noms d'objets ou d'animaux avec lesquels la corporation se reconnaît, en vertu de contes traditionnels ou de pratiques religieuses, des attaches particulières ; noms patronymiques, qui se rapportent à un ancêtre supposé, soit directement, soit par le détour d'un sobriquet. On pense bien que, pour la plupart des noms qui semblent appeler un commentaire, les castes qui les portent restent rarement à court de légendes — d'ordinaire fort invraisemblables, — destinées à en expliquer l'origine. Il faudrait le plus souvent renverser la relation : le nom a inspiré le conte plus souvent que le fait incorporé dans le conte n'a suscité le nom.

De ces récits, ceux qui méritent le plus de crédit sont sans doute les traditions qui se réfèrent à des migrations plus ou moins lointaines dont le nom de la caste perpétue le souvenir ou la prétention. Elles nous montrent ces migrations, surtout parmi les castes supérieures, singulièrement fréquentes. Elles ne sont pas moins significatives. Le sentiment national n'existe guère. La vie se concentre dans un foyer plus étroit. Par les liens qu'elle noue, par la solidarité qu'elle crée, par les pratiques qu'elle consacre, la communauté de la caste ou de la tribu suffit à satisfaire les affections, à protéger les intérêts, à rassurer les préjugés. C'est ce cercle qui constitue la vraie patrie ; sous sa sauvegarde, l'instabilité est et surtout a été grande : les individus emportaient avec eux les attaches auxquelles ils mettent le plus de prix ; les groupemens qui essaimaient se reconstituaient sans peine, dans des milieux nouveaux, sous l'action permanente des mêmes instincts. Plus que jamais l'Inde nous apparait ainsi comme un complexe immense d'organismes mobiles. Ils sont unifiés par des facteurs très divers. Il est d'abord certain que les variétés d'origine et de race y tiennent leur bonne place.

Est-ce à la persistance des souvenirs, des inimitiés qu'elles éveillent que se doivent ramener les dissensions qui en maints endroits se perpétuent entre castes diverses? Elles frappent d'autant plus que cette population est naturellement plus pacifique. L'hostilité la plus durable, la plus fameuse, est celle qui, dans le sud de l'Inde, partage ce qu'on appelle la « main droite » et la « main gauche ». Les deux catégories correspondent, semble-t-il, au moins en gros, à une répartition en castes d'artisans et castes agricoles [1]. L'origine et l'histoire n'en ont jamais pu être éclaircies. Ce qui est sûr, c'est que leur rivalité a été et est encore la source de conflits violens qui divisent la population en camps ennemis. Certains privilèges que revendique l'une ou l'autre « main », au moindre empiétement, allument la lutte [2]. Elle a souvent provoqué des soulèvemens qui, « se communiquant de proche en proche, semaient le trouble sur une grande étendue de pays, donnaient occasion à des excès de tout genre et se terminaient fréquemment par des batailles sanglantes ».

Des faits pareils, quoique plus circonscrits,

---

1. Cf. Burnell-Yule, *Hobson Jobson*, s. v. *caste*.
2. Abbé Dubois, *Mœurs*, etc., I, 15 s. iv.

sont signalés en bien des régions¹. Souvent ce sont des prétentions rivales à des avantages honorifiques qui, cause ou prétexte, donnent naissance à ces conflits. Elles sont à nos yeux assez futiles. Elles passionnent singulièrement les intéressés. C'est que, partout, l'organisation des castes est devenue le cadre d'une véritable hiérarchie ; chacune y a son rang marqué par la tradition ou par l'opinion ; chacune le maintient à tout prix ou s'efforce de s'élever dans l'échelle. Il y a là un trait tout à fait caractéristique pour la physionomie générale de l'institution.

Le pivot de cette hiérarchie, c'est la supériorité reconnue de la caste brâhmanique et de ses nombreuses ramifications. On a pu dire que la place attribuée à chaque caste dépendait essentiellement de sa relation avec la caste brâhmanique, des marques de ménagemens ou de dédain qu'elle en recevait². En dépit de la déconsidération relative qui a frappé nombre de leurs castes, les brâhmanes tiennent presque partout la tête³ ; leur ascendant religieux a assuré une puissante autorité à des classifications qui, dans une large mesure, se

1. Cf. par exemple, la note *Caste factions* d'Elliot, dans l'*Asiatic Quarterly*, avril 1892, p. 438 suiv.
2. Jogendra Chandra Ghosh, *Calc. Review*, oct. 1880, p. 81-2. Cf. Guru Proshad Sen, *ibid.*, juillet 1890, p. 61-5.
23. Cf. par exemple, Dubois, *op. laud*, I, 143-4 ; 161.

fondent sur des préceptes et des préjugés religieux. Il est très rare que leur supériorité ait été contestée[1]. Mais souvent, pour se rapprocher d'eux, la lutte a été, entre les classes moins favorisées, obstinée et ardente. Toutes les castes, même les plus déshéritées, sont animées d'un amour-propre, d'une passion d'exclusivisme qui a étrangement envenimé ces querelles. Tous les moyens, depuis la corruption et la ruse, jusqu'à la force ouverte, sont mis en œuvre par des groupes divers pour affirmer ou pour conquérir telles prérogatives qui les relèvent dans la considération publique[2].

Les territoires sont immenses, des races diverses d'origine et d'aptitudes s'y coudoient et s'y mêlent, des groupes s'enchevêtrent, inégalement développés, fractionnés à l'infini, faciles aux déplacements, parfois engagés entre eux dans des luttes acharnées. Faut-il donc renoncer à présenter de l'institution un tableau d'ensemble ? Il ne peut manquer d'être incomplet ; il ne sera pas nécessairement décevant et faux. Quelque discordance qu'enveloppe l'unité apparente du système, il s'appuie en vérité sur beaucoup d'analogies

---

1. Cf. cependant Dubois, I, 13.
2. Guru Proshad Sen, *Calc. Review*, juillet 1890, p. 54-5 ; Steele, *Hindoo Castes*, p. 96-97.

fondamentales. Il suffira de se souvenir qu'aucune affirmation ne doit être considérée comme absolue, que la parenté des faits laisse place à une foule de nuances, que seuls les traits les plus généraux embrassent tout le domaine.

Ceci bien entendu, figurons-nous un groupe corporatif fermé, et, en théorie du moins, rigoureusement héréditaire, muni d'une certaine organisation traditionnelle et indépendante, d'un chef, d'un conseil, se réunissant à l'occasion en assemblées plus ou moins plénières ; uni souvent par la célébration de certaines fêtes ; relié par une profession commune, pratiquant des usages communs qui portent plus spécialement sur le mariage, sur la nourriture, sur des cas divers d'impureté ; armé enfin, pour en assurer l'empire, d'une juridiction de compétence plus ou moins étendue, mais capable, sous la sanction de certaines pénalités, surtout de l'exclusion soit définitive soit révocable, de faire sentir efficacement l'autorité de la communauté : telle en raccourci nous apparaît la caste.

II

Nous sommes en présence d'une organisation héréditaire ; les règles du mariage doivent donc tenir, elles tiennent dans son mécanisme le premier rôle. Il est si frappant qu'on a pu présenter les règles et les restrictions qui le concernent comme l'essence même de la caste[1]. C'est une exagération ; encore est-elle significative.

La polygamie est actuellement, — et quelle qu'ait put être la règle à des époques antérieures, — le régime autorisé, reconnu du mariage dans l'Inde[2]. Ce n'est pas à dire qu'elle soit, je ne dis pas universellement, mais même ordinairement pratiquée. La pauvreté y met bon ordre, et aussi, dans un cercle restreint, une lente infiltration des idées de l'Occident. Mais enfin elle existe en droit absolument et souvent en fait. Cependant, sauf des cas particuliers, on en peut sans inconvénient faire abstraction en esquissant l'image de la caste,

---

1. Risley, *Ethnographical Glossary*, p. XLII.
2. Je n'ai pas, dans un tableau si rapide, à tenir compte des traces plus ou moins marquées de polyandrie qui se retrouvent un peu partout.

d'autant mieux qu'une sainteté particulière paraît avoir toujours été attribuée au premier mariage, une autorité et une dignité supérieures réservées à la première femme [1].

Ceci posé, il est permis de résumer dans une vue très compréhensive l'essentiel de la loi que la caste impose au mariage. Cette loi a un double aspect, elle est à la foi impérative et limitative. Elle détermine un double cercle ; l'un plus large dans lequel il faut se marier, l'autre plus étroit, inscrit dans le premier, où il est interdit de se marier. Nos degrés prohibés nous donnent une idée, quoique insuffisante, du second ; les restrictions imposées par le premier nous sont, légalement au moins, étrangères. On peut formuler la double règle en disant : qu'il est obligatoire de se marier dans sa caste, et interdit de se marier dans sa famille.

Encore ces termes, si larges qu'ils soient, exigent-ils, pour demeurer exacts, une foule de commentaires, de limitations. Les sciences anthropologiques ont, dans ces dernières années, créé certains termes techniques passablement barbares mais trop commodes, trop répandus déjà, pour que je ne demande pas la permission de les introduire ici à mon tour. Ils nous épargneront des

---

[1］H. Mayne, *Hindu Law and Usage*, p. 82.

périphrases moins élégantes que confuses. On a appelé *endogamie* la coutume qui impose le mariage dans un cercle déterminé, *exogamie* la règle qui commande le mariage hors d'un cercle déterminé. C'est ainsi que, pour nous, il n'existe qu'une loi d'exogamie, celle qui interdit le mariage dans le rayon des degrés de consanguinité proches. La loi de la caste, au contraire, est une loi d'endogamie par rapport à la caste, d'exogamie par rapport à la famille. Dans ces termes vagues, elle est absolue. Mais il la faut voir à l'œuvre.

La première règle est très générale ; elle se présente pourtant avec des nuances marquées dans la caste proprement dite et dans la tribu. Elle est beaucoup plus stricte dans la première, plus stricte au moins que dans les tribus ou « quasi-castes » musulmanes. Ordinairement endogames, elles ne le sont pas strictement; les Beloochis, les Pathans[1], exigent seulement que la première femme d'un chef soit prise dans la tribu. Les Gakkhars du Penjab s'allient à d'autres tribus, tandis que les Awâns ne s'unissent guère qu'à des femmes de leur race[2]. Mais nous sommes ici sur la frontière, parmi des populations où survit le souvenir

1. Ibbetson, § 380, 391.
2. Ibbetson, § 464, 466.

d'une origine étrangère. Plus avant dans l'Inde, et probablement à l'imitation des castes véritables, les musulmans sont d'ordinaire plus rigoureux ; ils ne se marient guère hors du *kuff*, c'est à dire d'un certain groupe de villages habités par des musulmans de leur caste [1]. Les tribus demeurées plus ou moins barbares qui, de l'avis général, sont en masse aborigènes, se rapprochent en somme de l'usage des castes.

Les unes et les autres se fractionnent presque invariablement en un nombre quelquefois considérable de divisions ; bien qu'enveloppées dans une dénomination commune, elles constituent au fond autant de castes entre lesquelles le mariage n'est point permis. Comme le remarque lui-même un Hindou, « les brâhmanes du Bengale ne se marient pas avec des brâhmanes d'autres régions ni les Kâyasthas *(scribes)* ou autres castes du Bengale avec leurs castes respectives dans d'autres parties de l'Inde. De plus, parmi les brâhmanes du Bengale, les brâhmanes Rahris ne se marient pas avec les brâhmanes Varendras ou Vaidikas ou Dakkhinatwas. Les Vaidyas *(médecins)* Ballalsenis, qui vivent dans le Bengal oriental, ne se marient pas avec les Vaidyas Lakman-

---

[1]. Guru Proshad Sen, *Calc. Review*, juillet 1890, p. 57.

senis qui habitent l'ouest du pays, et les quatre classes des Kâyasthas Bengalais ne se marient point entre elles. Dans l'Inde supérieure le mariage est interdit entre les sections des Kâyasthas dont le chiffre ici s'élève à douze. » Ceci n'est qu'un exemple. L'avocat le plus résolu de l'origine purement professionnelle des castes, M. Nesfield, constate lui-même que toutes les castes nominales se résolvent ainsi en nombre de sections qui sont les castes réelles. Il en compte, pour les Provinces du nord-ouest, sept parmi les Barhais ou charpentiers, dix parmi les Kâyasthas ou scribes, trente parmi les Chattris, cultivateurs ou propriétaires fonciers, quarante parmi les brâhmanes [1]. Il n'en est pas autrement ailleurs. Il serait aussi superflu que fastidieux d'accumuler des noms.

Spontanée ou imitée de l'organisation brâhmanique, la même tendance règne dans les populations que leur type, leurs usages ou leur barbarie font considérer comme aborigènes [2]. C'est sous la forme de groupes endogames plus ou moins étendus qu'on les voit faire leur entrée dans le giron

---

1. Nesfield. *Caste System*, § 192.
2. Par exemple sur les quatre grandes sections des Mînas, cf. Lyall, *Asiatic Studies*, p. 162 ; sur les Mhars, *Poona Gazetteer*, I, 262 ; etc.

commun de l'hindouisme. M. Risley [1] en répartit les fractionnemens en plusieurs catégories : ethniques, linguistiques, locales, professionnelles, sectaires, sociales, suivant le mobile qui semble avoir dans chaque cas cimenté le groupement. L'usage est en tout cas si universel et, pour ainsi dire, forcé, que nous le voyons parfois appliquer suivant un nombre conventionnel ; le morcellement en sept castes semble, si j'ose ainsi parler, être de style dans le Penjab [2].

Le principe est très répandu ; il n'est point absolu. Telle caste, comme celle des Khatris au Penjab [3], est réglée à cet égard par des combinaisons compliquées qui autorisent le mariage entre certaines sections de la caste, non entre d'autres. Chez diverses populations Râjpoutes [4], plusieurs clans se marient entre eux, tandis qu'ils en excluent d'autres de ce privilège. Bien des anomalies traversent et déconcertent la règle. Et l'on voit, par exemple, les brâhmanes Gaurs accepter à Dehli avec les brâhmanes Tagas des unions que leurs congénères repoussent dans le Doab et le

1. *Ethnogr. Gloss.*, p. LXXI suiv.
2. Chez les Chamârs, les Dhânuks, les Dhobîs, les Kârchîs, etc., Elliot, *the Races of the North West. prov. of India*, éd. Beames, I, p. 70, 79, 81, 145, etc.
3. Ibbetson, § 540.
4. Cf. par exemple, Elliot, *loc. laud.* s. v. *Bisens*.

Rohilkhand [1]. Ceci entre cent bizarreries pareilles. Malgré le prix qu'une opinion unanime attache à l'égalité entre époux, plus d'une caste, non des plus méprisables, observe dans la pratique d'assez larges accommodemens ; elle accepte des fiancés de caste inférieure [2]. C'est un esprit de transaction qu'imposent des circonstances spéciales. Il renouvelle un état de choses qui a dû être anciennement considéré d'un œil moins sévère que depuis.

Ces exceptions n'entament pas la loi ; l'endogamie de la caste ou de la tribu est au contraire une des règles les plus constantes.

Elle a sa contre-partie non moins essentielle dans l'exogamie de la famille ou du clan.

Le nom de ce petit cercle exogame, enveloppé dans la périphérie plus large de la caste, n'est point aisé à choisir. Les limites, la définition, la dénomination en varient à l'extrême. En revanche, il existe invariablement, ou à peu près ; ses effets se font sentir partout. La confusion est si grande que les casuistes hindous ont dû renoncer à établir une réglementation systématique ; ils ont accepté comme faisant loi l'usage reconnu

---

1. Elliot, p. 112. De même les Râjpouts Gautamas, *ibid.* p. 119.
2. Pour les Çrotriyas du Bengale, cf. Nil Kant Chatterjee,

dans chaque famille ou dans chaque groupe [1]. Malgré tout, la règle générale se détache en un relief très saillant. Elle se résume d'un mot : il est interdit de se marier dans le *gotra* auquel on appartient [2]. Telle est au moins la loi traditionnelle consacrée par les brâhmanes.

Le *gotra* désigne un groupe éponyme qui est réputé descendre tout entier d'un ancêtre commun, en bonne règle, d'un *rishi*, prêtre ou saint légendaire. Le nombre en est limité, en sorte que les mêmes *gotras* se retrouvent parmi des gens que la caste sépare absolument, si peu logique que l'arrangement nous puisse paraître. Le *gotra* est essentiellement propre à la caste brâhmanique. Il est vrai que la législation religieuse l'étend aux autres hautes castes, Kshatriyas et Vaiçyas. C'est au prix d'artifices qui se jugent d'eux-mêmes [3]. Des rishis brâhmaniques n'ont guère, en bonne logique, pu faire souche que de brâhmanes. Il n'est pas plus sérieux d'attribuer à des familles

---

Calc. Review, juillet 1891, p. 132. Autres exemples dans Ibbetson, § 512.

1. Nârâyan Mandlik, *Vyavahâra Mayûkha*, p. 353 suiv., 412 suiv.

2. Je laisse de côté la communauté de *pravara* (sur laquelle cf. N. Mandlik, *op. laud.*, p. 414) qui essentiellement se confond avec le *gotra*.

3. N. Mandlik, p. 412-13.

le *gotra* de leurs prêtres, de leurs précepteurs religieux, nécessairement variables, que de comprendre toutes les familles qui ignorent leur *gotra* dans celui qui reconnait Jamadagni pour auteur. En fait, les brâhmanes sont seuls à posséder un peu généralement des *gotras*[1]. Mais une imitation plus ou moins fidèle de l'institution et son nom même ont été transportés à une infinité de castes, surtout parmi les classes mercantiles qui se piquent de se conformer à la règle brâhmanique[2]. Le nom a pénétré si avant qu'il a fini, dans bien des cas, par s'éloigner fort de son acception primitive ; plus d'une confusion en est même résultée dans les relevés des recensemens.

Le groupe exogame existe jusque dans les tribus musulmanes de la zone frontière qui ne rentrent qu'à peine dans le cadre de l'hindouisme. Parfois il y est très restreint ; il ne manque nulle part, malgré la tendance des populations musulmanes à se marier dans un rayon limité[3]. Les exceptions, s'il en existe, sont si rares et expliquées

---

1. N. Mandlik, p. 352. Guru Proshad Sen, *Calc. Review*, juillet, 1890, p. 59, etc.
2. Il me suffit de renvoyer à titre d'exemples, à Steele, *Hindoo Castes*, p. 36, 37, 162, 166 ; Elliot, *op. laud*, p. 3, 32, 535 ; Hunter, *Orissa*, II, p. 39-40 ; Ibbetson, § 353, 533 ; *Poona Gaz.* I, 266, 375, 401.
3. Ibbetson, § 136, 357, 380, 393.

par des nécessités si particulières qu'on les peut négliger[1].

A plus forte raison en est-il de même en pays hindou. M. Risley[2] a étudié avec soin cet ordre de faits. Il a distingué les moules très divers où semblent, suivant les cas, s'être coulées les sections exogames aux différens étages de la société hindoue, en particulier dans les castes très basses qui sont sorties des couches de population aborigènes : voisinage, descendance commune, autentique ou supposée, communauté de surnom considérée comme signe de parenté, communauté de culte envers cette catégorie d'objets ou d'animaux que l'ethnographie désigne du nom de *totem*, et qui sont rattachés au clan par quelque légende superstitieuse. Plusieurs de ces principes de sectionnement, le dernier surtout, ont un aspect archaïque, incivilisé, qui nous reporte à une période lointaine, antérieure à toute influence âryenne. Ce n'est pas le moment de sonder la délicate question des origines. L'action brâhmanique est en jeu depuis de longs siècles. On le reconnaît à certaines méprises ; le zèle d'imitation est moins éclairé qu'il n'est ardent. Telle caste basse, prétendant suivre les prescriptions

---

1. Risley. *Ethnogr. Gloss.* p. XLVII-XLVIII ; I, p. 41.
2. *Ethnogr. Gloss.*, p. 50 suiv.

brâhmaniques, se résout en fractions exogames, tout en constituant un seul groupe éponyme, et même en se rattachant expressément à un *gotra* unique [1] !

Si divers que soient les noms que, suivant les circonstances et suivant les lieux, prennent ces groupes, il est commode d'avoir pour les désigner dans leur ensemble un terme simple. *Gotra* peut être conservé à cet effet, puisque, aussi bien, le mot est consacré et par la langue technique et par une adoption très habituelle, sinon toujours clairvoyante. L'empire en a pénétré partout ; il n'est point partout également rigoureux.

On peut dire que partout il est interdit de se marier dans le *gotra* dont on porte le nom, dans le *gotra* paternel par conséquent. Mais cette interdiction n'épuise pas les empêchemens légaux. La règle ordinaire est qu'un homme ne peut se marier davantage dans le *gotra* de sa mère, ni souvent dans celui de la mère de son père, ni quelquefois dans le clan de la mère de sa mère [2]. L'exogamie du côté maternel est d'une portée très variable. On cite des castes ou tribus qui, à côté des *gotras* et au-dessous d'eux, connaissent des groupemens plus petits institués, semble-t-il, pour servir de

1. Ibbetson § 544.
4. Ibbetson, § 683 ; Elliot, p. 110 ; Risley, I, p. 211.

cadre à l'exogamie du côté maternel[1]. En tous cas, les empêchemens résultant du *gotra* se compliquent d'une échelle de degrés prohibés. Elle-même varie suivant les castes, les lieux et les temps ; elle est, à tout prendre, bien plus compréhensive que celle où se résument parmi nous les restes survivans des réserves exogamiques. Le mariage est interdit entre fiancés qui sont dans la relation que désigne en sanscrit le mot *sapinda*. Cette parenté s'étend à six degrés quand l'ancêtre commun est un homme ; si c'est une femme, les opinions diffèrent : la prohibition comprend, suivant les uns, six degrés, suivant d'autres, quatre seulement[2]. Les commentateurs ont calculé que, tout compte fait, cette règle exclut le mariage pour 2121 parentés possibles. Il y a dans les usages, dans les variantes, les incertitudes, les exceptions qu'ils supportent, un beau nid à distinctions et à discussions scolastiques ; on pense s'il a tenté les spécialistes hindous ! Il n'est pas fait pour nous séduire ; il n'intéresse qu'indirectement la question qui nous préoccupe[3].

---

1. Risley, p. LV-LVI.
2. H. Mayne, *Hindu Law and Usage*, p. 77; J. S. Siromani, *Comment. ou Hindu law*, p. 70 suiv.
3. Il nous suffit de renvoyer les curieux au chapitre

Du point de vue de la caste, le fait général, curieux, qu'il importe de garder en mémoire, c'est la règle double que nous avons énoncée d'abord : l'interdiction de se marier hors de la caste, l'obligation de se marier hors du *gotra*. La parenté qui empêche le mariage est surtout la parenté agnatique, la parenté par les hommes. Les effets de la parenté par les femmes sont toujours beaucoup moins prohibitifs. Dans certains cas, les empêchemens qu'elle fonde sont étroitement limités. On cite des castes où une certaine parenté, encore qu'éloignée, par les femmes, est considérée comme désirable, sinon nécessaire, entre les fiancés [1].

qu'a consacré à ce sujet V. Nàràyan Mandlik, *Vyavahára Mayúkha*, p. 346 suiv.

1. Lyall, *Berar Gazetteer*, p. 187.

III

Une théorie récente, soutenue par un juge fort délié et fort expert, a prétendu faire de la communauté des occupations le fondement même et le principe de la caste. C'est peut-être l'idée qui surnage dans les esprits qui se contentent sur le sujet d'une certaine moyenne de notions approximatives. Il y aurait cependant une singulière exagération à se représenter la société hindoue, enfermée, d'après l'occupation de chacun, dans un échiquier de cases immuables, infranchissables. Beaucoup de castes sont, il est vrai, désignées par le nom d'une profession que généralement elles exercent : potiers, forgerons, pêcheurs, jardiniers, etc. C'est le cas de se souvenir que les noms de métiers qui nous sont présentés comme noms de castes enveloppent en réalité une aire plus large, que la vraie caste, caractérisée et limitée par les règles du mariage, est beaucoup plus restreinte. C'est ainsi, pour ne prendre qu'un exemple, que les Banyas ou marchands, au Penjab [1], se résolvent en sections, comme les

---

1. Ibbetson, § 532.

Aggarwals, les Oswals, etc., à noms géographiques, qui, étant endogames, forment bien autant de castes distinctes. Une caste professionnelle n'embrasse donc pas dans un cadre unique tous les gens qui vivent de la profession à laquelle son nom est emprunté. On voit même souvent, confondus sous une seule dénomination de métier, des gens qui relèvent très consciemment de castes et de tribus distinctes[1].

Inversement, les membres d'une même caste peuvent s'adonner à des gagne-pain très divers. Et tout d'abord les castes basses et méprisées, réputées d'origine anâryenne. Vouées à toutes les tâches serviles, elles se livrent suivant les circonstances un peu à tous les genres d'occupations inférieures. Les Bâris, dans les provinces du nord-ouest, fabriquent des torches et font la barbe[2]; les Banjâras[3] comprennent des marchands, des bardes, des pasteurs, des agriculteurs. Ailleurs des batteurs de coton, des presseurs d'huile et des bouchers se coudoient dans une caste unique[4].

---

1. Voy. le cas des Sangtarash ou tailleurs de pierre ap. Nesfield, *Caste System*, § 62. Cf. Ibbetson, § 366. A Poona les Câlis et les Sangars sont également tisserands, *Poona Gaz.*, p. 365, etc.
2. Elliot, p. 49.
3. *Ibid.*, p. 52-4. Sur les Kounbis, p. 156.
4. Ibbetson, § 646, 647.

Les exemples seraient infinis. Ils ne sont pas confinés aux castes les plus humbles. M. Nesfield[1] explique lui-même que, parmi les marchands, la distinction professionnelle est pratiquement nulle, que toutes leurs castes peuvent se livrer au négoce, sans qu'il y ait privilège pour aucun commerce. Il constate[2] que nombre de gens changent d'occupations sans se séparer de leur caste. C'est l'évidence.

Il est non moins certain que le nombre énorme de castes vouées à la culture ne correspond pas à autant de distinctions professionnelles, ni actuelles ni anciennes. Les castes de cette catégorie ont sans cesse tendu à gagner du terrain. Au fur et à mesure que des tribus anâryennes se sont rapprochées de la civilisation hindoue, elles sont surtout devenues agricoles; au fur et à mesure que la paix maintenue par la domination britannique a découragé le métier des armes, c'est l'agriculture qui a gagné des bras.

Ce n'est là qu'un des élémens qui, du point de vue des attributions, concourent à troubler la stabilité.

Élevons-nous d'abord au plus haut degré de l'échelle. C'est peut-être parmi les brâhmanes que le mélange des emplois, la confusion des métiers est plus enchevêtrée. Si nous en étions

1. *Caste Sytem*, § 78.
2. *Ibid.*, § 81.

à l'idée vieillie d'une caste de brâhmanes uniquement appliquée à l'étude sacrée, aux pratiques religieuses, à une vie d'austérité ou de méditation, il y aurait de quoi nous déconcerter. Ceux qui ont vu des brâhmanes, ceints du cordon sacré, offrir de l'eau aux voyageurs dans les gares de l'Inde, qui les ont vus faire l'exercice parmi les cipayes de l'armée anglo-indienne, sont préparés à cet ordre de surprises. En fait, on trouve occupés à presque toutes les tâches des gens qui portent fièrement le titre de brâhmanes, et auxquels ce titre assure partout de grandes démonstrations de respect : prêtres et ascètes, savans et mendians religieux ; mais aussi cuisiniers et soldats, scribes et marchands, cultivateurs et bergers, voire maçons ou porteurs de chaise [1]. Il y a mieux : les brâhmanes Sanauriyas du Bandelkhand [2] ont pour profession héréditaire le vol. Il est vrai qu'ils n'exercent que le jour. Et le respect des Hindous pour les brâhmanes va si loin que, à en croire un proverbe,

---

1. M. Hunter est entré à cet égard dans des détails très curieux, quelle que soit la valeur des théories qu'il mêle aux faits, *Orissa*, I, p. 239 suiv. Sur des brâhmanes cultivateurs on peut comparer encore Ibbetson, § 512, Elliot, I, p. 94 ; sur des brâhmanes commerçants, Ibbetson § 361, et en général, sur la variété des professions exercées par des brâhmanes, Dubois, *Mœurs* etc., I, p. 410 suiv. ; Nesfield, *Caste System*, § 133, etc.

2. Nesfield, § 134.

peut-être ironique, être volé par eux doit être considéré comme une faveur du ciel. Il ne manque pas du reste d'autres castes de voleurs, quoique de moins haut parage [1].

Cette diversité d'occupations dans la caste brâhmanique n'est pas une nouveauté. Un état de choses très pareil est déjà sanctionné par les lois de Manou et par d'autres autorités également vénérables. Je m'empresse d'ajouter que, dans beaucoup de cas, ces distinctions engendrent de ces nouvelles sous-castes qui sont pour moi les castes véritables ; mais la conséquence est loin d'être constante.

L'intrusion de ces populations nombreuses qui, inférieures au niveau moyen des castes âryennes, apportent dans le système du trouble et du flottement, a pu contribuer aussi à entamer la rigueur du principe. C'est à merveille. Je reconnais volontiers que la spécialité et l'hérédité de l'occupation n'ont pas été seulement un lien puissant pour la caste, mais ont souvent été le centre d'attraction autour duquel ont essaimé de nouveaux groupes. Malgré tout, il est visible que la communauté héréditaire de la profession souffre des atteintes profondes dans l'ordonnance des castes.

---

1. Dubois, I, 5, 77 ; Steele, *Hindoo Castes*, p. 121 ; *Poona Gaz.*, I, 464 suiv. etc.

IV

A ceux pour qui la caste est affaire de métier, répond le proverbe au dire duquel « la caste n'est qu'une affaire de repas[1] ». Il prouve au moins que l'habitude n'a pu émousser, même pour les Hindous, la surprise que nous inspire le soin scrupuleux avec lequel ils observent deux lois très compliquées et très gênantes : la première est de n'accepter aucune nourriture qui ait été préparée ou seulement touchée par des gens d'une caste qu'ils considèrent comme inférieure ; la seconde, de ne jamais prendre leur repas avec des gens de caste plus basse, ce qui, en vertu d'une réciprocité toute naturelle, revient à ne jamais prendre leur repas qu'avec des congénères. Voilà une règle qui troublerait étrangement nos mœurs démocratiques. Même pour l'Inde elle n'est pas sans inconvéniens. Les scrupules qu'elle entretient ont beaucoup contribué à rendre plus rares et plus difficiles les communications entre Européens et indigènes, à empêcher les Hindous de

---

1. Elliot, I, 167 note.

puiser, en voyageant, aux sources de la civilisation occidentale.

Les Hindous se montrent en toute circonstance grands amis des fêtes ; les repas communs reviennent dans toutes les occasions solennelles [1]. Ces restrictions en sont plus significatives. L'autorité en est si absolue qu'on a vu les Santals — une caste très basse du Bengale — se laisser, en temps de disette, mourir de faim plutôt que de toucher à des alimens préparés même par des brâhmanes [2]. Cette réserve s'appliquant à la caste réputée la plus haute et entourée de respects si prosternés, montre combien le scrupule est ici ingénieux et fécond, ce qu'il sait, à l'ordinaire, broder de variantes sur le canevas primitif.

On peut considérer que, en termes généraux, les gens seuls peuvent manger ensemble qui pourraient se marier ensemble. Donc, ici encore, il faut entendre la caste dans le sens étroit. Les douze sections des Kâyasthas du Bengale ne peuvent pas plus manger de compagnie qu'elles n'acceptent entre elles d'alliances [3]. Cependant,

---

1. Cf. Jogendra Chandra Ghosh, *Calc. Review*, oct. 1880, p. 280.
2. Barth, *Revue critique*, 1880, II, p. 243.
3. Guru Proshad Sen, *Calc. Review*, juillet 1890, p. 53-4.

à tout prendre, la prohibition est ici moins stricte ; bien des sections de castes entre lesquelles le mariage est illicite ne laissent pas de partager le même repas. D'ailleurs, plus encore que pour les règles du mariage, les habitudes varient à cet égard d'une région à l'autre, et, jusque dans la même caste, suivant les districts où elle est cantonnée[1]. La loi n'en subsiste pas moins partout. Mais partout elle se complique de distinctions bizarres en apparence, pour nous fort instructives.

« D'une façon générale, dit un rapport cité par M. Ibbetson[2], aucune tribu n'accepte à manger ou à boire des mains d'une tribu inférieure. Mais l'action purifiante attribuée au feu, spécialement quand elle s'exerce sur le beurre et le sucre, la pureté supérieure supposée au métal par comparaison avec les récipiens de terre, servent de fondement à une large distinction. Toute nourriture est divisée en *pakkî rôtî*, frite au sel avec du beurre, et *kacchî rôtî*, qui est traitée autrement. Un brâhmane Goujarâtî mangera du *pakkî rôtî*, mais non du *kacchî rôtî*, d'un brâhmane Gaur, un Gaur d'un Taga, un brâhmane ou un Taga d'un Râjpout, un brâhmane, un Taga ou un Râjpout d'un

---

1. Un exemple ou deux dans Elliot, p. 6.
2. P. 184.

Jat, d'un Goûjar ou d'un Ror. A l'exception des brâhmanes et des Tagas, toutes les castes, dans un vase de métal préalablement écuré avec de la terre, accepteront l'eau des mêmes gens avec lesquels ils mangeraient du *pakkî rôtî* ; mais ils ne boiront dans un vase de terre qu'avec ceux dont ils pourraient manger le *kacchî rôtî*. Jats, Goûjars, Rors, Kahbâris, Ahîrs, mangent en commun sans aucun scrupule. Ils accepteront le pain *pakkî* d'un orfèvre, mais pas dans sa maison... Un musulman mangera et boira de la main d'un Hindou, mais un Hindou ne touchera ni *pakkî* ni *kacchî* d'un musulman, et souvent il jettera sa nourriture si seulement l'ombre d'un musulman vient à s'y projeter... Le sucre et presque tous les gâteaux peuvent s'accepter à peu près de toutes les mains, fût-ce d'un homme qui travaille le cuir, ou d'un balayeur ; mais, dans ce cas, il faut qu'ils soient entiers et non divisés. » Ce détail suffira, je pense, à titre d'exemple ; on m'excusera, on me bénira, de ne pas aspirer à être complet.

Un seul trait, pour montrer en quelles bizarreries se peut égarer ce point d'honneur de délicatesse. On cite deux castes très méprisées du Penjab, les Choûhras et les Dhânaks, qui refusent de manger réciproquement leurs restes, quoiqu'ils acceptent ceux de toutes les autres castes, à l'exception de la classe très basse des Sânsis ! Nous n'en finirions pas s'il fallait distinguer, même dans la mesure assez limitée de ce qui nous est connu, entre les règles qui régissent le riz cuit et les autres alimens ; entre le Bengale, où toutes les castes, ou peu s'en faut, acceptent la nourriture préparée par des brâhmanes, et la coutume plus stricte qui, dans plusieurs castes du reste de l'Inde septentrionale, exclut la cuisine des brâhmanes et ne tolère que la cuisine d'un membre de la caste même. Il suffit de donner une impression de cette fatigante variété.

Il reste au moins une distinction très caractéristique et très générale à signaler ; c'est celle qui, dans la plus grande partie de l'Inde, — dans l'Inde entière, dit-on, excepté Madras [1], — sépare les castes en deux catégories : celles de qui on peut accepter de l'eau, celles dont le contact la souille. Les catégories sont très variables ; car, au dire de Guru Proshad Sen, tous les Bengalis, y compris les brâhmanes, sont à cet égard, et sauf de rares exceptions, mis à l'index par le reste des Hindous. La division n'en est que plus remarquable. Elle s'inspire visiblement d'une importance particulière qui s'attache à l'eau.

1. Guru Proshad Sen, *Calc. Review*, juillet, 1890, p. 54-5. Cf. Nesfield, *Caste system*, p. 26, etc.

N'est-ce pas la même préoccupation qui inspire d'autres différences singulières que fait la superstition entre le grain préparé à sec ou mélangé de liquide ? Autre exemple significatif. Au Penjab, les Hindous acceptent bien du lait pur de la tribu musulmane des Ghosis[1] ; ils le repousseraient avec horreur s'ils avaient quelque raison de craindre qu'il eût été mélangé d'eau. Il est vrai que des mobiles plus ou moins obscurs, peut-être de simples nécessités pratiques, ont dans plus d'un cas détendu la règle. Tout le monde accepte de l'eau au Penjab des mains de la caste très basse des Jhimvars[2] ; mais c'est une tribu qui fournit surtout des serviteurs domestiques. Dans beaucoup de villages[3] le potier peut distribuer de l'eau à tout le monde ; c'est du moins à la condition qu'un vase spécial soit réservé à chaque caste. Dans des repas communs de villages[4], toutes les castes se retrouvent ; encore chacune mange-t-elle séparément. Ces accommodemens mêmes prouvent la vitalité du principe. Il se rattache étroitement à des préoccupations de pureté extérieure.

---

1. Ibbetson, § 497.
2. Ibbetson, § 617.
3. *Bombay Gazetteer*, II, p. 383.
4. *Ibid.*, p. 382.

C'est en vertu de scrupules similaires que les castes supérieures sont tenues d'éviter soigneusement le contact des castes inférieures. La profession de certaines castes est si méprisée qu'on ne leur permet même pas d'habiter l'intérieur des villages ; elles sont reléguées hors des agglomérations, en dépit de tous les services qu'elles leur rendent, soit comme gens de service, soit comme gens de métiers. A plus forte raison sont-elles éliminées rigoureusement des repas communs où le village se rassemble. Il y a même des villages de brâhmanes [1] d'où toutes les autres castes sont rigoureusement consignées. Inutile d'ajouter que cette préoccupation n'est pas égale dans toutes les castes ; elle se manifeste diversement ; elle ne manque nulle part.

Un proverbe panjabî [2] déclare que, si un Bishnoï est monté sur un chameau suivi de vingt autres, et qu'un homme d'autre caste touche le dernier, il jettera aussitôt sa nouriture. On attendrait moins de façons chez des gens plus humbles. Et cependant M. Hunter [3] raconte assez plaisamment une aventure qui lui fut personnelle. C'était en Orissa ; il avait recruté, pour porter son palan-

1. Dubois, I, 134-5.
2. Ibbetson, p. 123.
3. *Orissa*, II, 140.

quin, des hommes de plusieurs castes. Non seulement les représentans de deux castes refusaient de s'associer pour opérer de compagnie, mais chaque fois qu'une caste relevait l'autre, il fallait que le palanquin eût été dûment posé sur le sol, avant que le nouveau relais y mît la main. Il n'est guère de famille hindoue qui, si elle le peut, ne consulte, dans les circonstances graves, les prédictions et les avis de l'astrologue ; eh bien ! malgré l'importance de son rôle, s'il doit entrer dans une maison, on a grand soin d'en enlever les nattes de crainte qu'elles ne soient polluées par son attouchement.

L'impureté ne s'attache pas au seul contact de la personne, elle se communique par l'intermédiaire des objets. De nouvelles distinctions viennent aggraver le cas. Un seul témoignage. Nous sommes dans un intérieur de brâhmane Chitpâvan, à Poona : « Les règles très strictes en vertu desquelles certains objets peuvent être touchés, d'autres non, par un serviteur de classe moyenne ou çoûdra, compliquent tous les arrangemens. Un serviteur Kounbi ne peut entrer dans l'oratoire, la cuisine, ni la salle à manger. Il peut toucher la literie et les vêtemens de laine, mais non des vêtemens de coton fraîchement lavés. Il peut toucher du grain humide. Même des serviteurs de caste brâhmanique sont encombrés de règles. Quand ils se sont baignés et qu'ils ont endossé des vêtemens de laine, de chanvre ou de lin, ils sont purs, ils peuvent tout toucher. Ils deviennent impurs, s'ils touchent un objet impur tel qu'un matelas ou quelque partie d'habillement, un manteau ou un turban. S'ils touchent un soulier ou un morceau de cuir, il faut qu'ils se baignent. Un écolier, une fois son bain pris, est obligé de faire appel à un domestique, à un frère ou à une sœur plus jeune, pour tourner les pages de son livre relié en cuir [1]. »

1. *Poona Gaz.*, I, 110, note.

V

Nous confinons ici à une autre catégorie de faits. A côté des lois les plus générales, qui gouvernent la caste, qui lui sont pour ainsi dire essentielles, qui en caractérisent et en maintiennent l'organisation, — les lois qui fixent les limites ouvertes et les barrières imposées au mariage, qui protègent l'hérédité de la profession, qui, en prévenant les mélanges trop aisés, sauvegardent l'individualité de chaque section, — règnent encore dans chaque caste particulière, certaines prohibitions, certains usages, quelques-uns fort étendus, aucun universel. De leur nature, ils se rattachent, directement ou indirectement, à l'un ou à l'autre de ces chefs principaux. L'ensemble en constitue un petit code coutumier, dont la stricte observation est, dans le cercle où il prévaut, maintenue avec une rigueur intransigeante. Moins uniformes dans leur application, moins graves par leurs conséquences, ces règles n'en ont pas moins d'autorité. Elles concourent à marquer les diverses castes d'un trait individuel. Il convient d'en prendre au moins quelque notion.

Il est assez naturel, étant interdit de manger

en commun, qu'il l'ait été de fumer ensemble au même *houkha*. Il est naturel aussi que cette prohibition ne soit pas mise sur le même plan que la première. Ainsi arrive-t-il, d'une part, que le mélange est, dans les deux cas, évité à l'égard des mêmes castes ou sous-castes, d'autre part que la tolérance est, dans le second cas, beaucoup plus fréquente que dans le premier. Il suffira par exemple que le tuyau ne soit pas commun pour que l'usage du même fourneau paraisse acceptable, s'il est en métal. Cependant la crainte de cette souillure est bien vivante : dans certaines régions, pour éviter toute confusion fâcheuse, les pipes, étant souvent laissées dans les champs ou dans les lieux de réunion, sont munies au tuyau de quelque signe de reconnaissance, un lambeau bleu pour un musulman, rouge pour un Hindou, un morceau de cuir pour un Chamâr, une corde pour un balayeur, etc.[1]. On voit que le souci pénètre avant; il se maintient même entre des castes qui pourraient y échapper par leur commune abjection.

Pareillement, les précautions prises contre une nourriture qu'auraient souillée d'impurs contacts se complètent par des restrictions qui portent sur

---

1. Ibbetson, § 358, 650.

les alimens eux-mêmes. Tout le monde sait de quelle vénération les Hindous entourent la vache, quelle horreur ils ressentent à en voir manger la chair. Le respect de toute vie animale est un trait qui traverse le passé entier de l'Inde ; le bouddhisme et le jainisme l'ont poussé aux dernières limites. Sans être aussi catégorique, le brâhmanisme en est aussi très pénétré. Chez les bouddhistes comme chez les Hindous, les liqueurs spiritueuses sont de même sévèrement réprouvées ; l'usage en est considéré comme une faute des plus graves. Il est visible aussi, il ressort et des coutumes persistantes et de textes autorisés, que certains aliments sont, quoique la raison en échappe, l'objet d'une particulière réprobation : les oignons, l'ail, les champignons. Et pourtant le conflit est si fréquent entre les usages locaux, la mêlée si obscure entre les passages d'un même livre, les pratiques anciennes ont reçu et reçoivent chaque jour, sous l'action des exemples étrangers, de si sensibles atteintes [2], qu'un rapporteur prudent hésite devant toute affirmation générale. Qui oserait dire que, aujourd'hui, les brâhmanes, fussent-ils de haute caste, s'abstiennent de viande, même avec l'exception qu'auto-

---

1. Guru Proshad Sen, *Calc. Review*, avril 1890, p. 335.
2. Nesfield, § 60.

rise la règle en faveur des viandes provenant des sacrifices ou servies aux repas funèbres ? On nous assure que, maintenant encore, l'usage des boissons fermentées marque une ligne de démarcation entre les hautes et les basses castes. Comment savoir exactement où se fait le partage dans chaque région ?

La vérité est que chaque caste, c'est à dire chaque groupe endogame, observe à cet égard des règles qui, sans être absolument immuables, font partie de l'héritage commun et qui, tant qu'elles demeurent généralement en vigueur, sont strictement observées. Elles sont parfois très particulières, comme dans cette caste très infime des Halalkhors, à Poona, qui, malgré un genre de vie fort peu délicat, refuse la chair du lièvre ; elle en donne pour motif que son patron, Lal Beg, aurait été allaité par une hase [1].

Que certains brâhmanes mangent de la viande tandis que d'autres s'en abstiennent, que certaines classes admettent sur leur table ou en repoussent le porc ou le poulet, ce détail, à vrai dire, nous intéresse ici assez peu. Ce qu'il nous importe de constater, c'est que partout la caste, comme telle, accepte en ce qui touche la nourriture, une série de

---

1. *Poona Gaz.*, I, 436.

prescriptions ou plutôt d'interdictions auxquelles, malgré la bizarrerie qu'elles accusent souvent à nos yeux, elle attache une haute autorité, parfois une sanction très sévère. Et qu'on le note bien, il ne s'agit pas seulement d'une casuistique un peu mince, réservée à des classes raffinées. Dans telle tribu d'aspect fort grossier et passablement primitif, qui se nourrit sans scrupule des animaux morts qu'elle rencontre à l'occasion, il suffira de l'exclusion de ces charognes, de certains animaux sauvages ou particulièrement répugnans pour jeter les bases d'une section de caste nouvelle qui s'estimera supérieure à ses congénères et bientôt leur refusera fièrement le *connubium*. Voilà pour nous le genre de faits instructifs : ce sont ceux qui nous montrent la caste liée, pour ce qui touche la nourriture, à des coutumes qui sont une partie de sa constitution traditionnelle, un des élémens sur lesquels s'exercent, par lesquels se manifestent légitimement son pouvoir et son unité.

Il n'en est pas autrement de pratiques diverses qui se rattachent au domaine si important du mariage et qui, dans nombre de cas, s'ajoutent aux règles essentielles d'endogamie et d'exogamie. Plus que jamais il devient impossible ici d'entrer dans le monde de détails qu'exigerait la description de cérémonies et d'usages prodigieusement compliqués [1].

Diverses castes, je l'ai indiqué déjà, à côté des règles d'exogamie très sévères dans la ligne paternelle, manifestent une tendance singulière, favorable aux unions qui associent le fiancé à une parente relativement rapprochée dans la ligne maternelle [2]. Un cas plus rare est celui ou la polygamie est punie de l'exclusion [3]. La coutume du lévirat autorisait, en l'absence d'enfant mâle, le frère du mari ou, à son défaut, un parent très proche, à se substituer à lui après sa mort, ou même de son vivant, auprès de sa femme pour lui donner un héritier. Elle est très curieuse par sa large diffusion, elle est très caractéristique pour le prix extrême qu'attachait l'antique constitution familiale à la continuité de mâle en mâle du culte de la famille [4]. Très ancienne dans l'Inde [5], elle y survit atténuée, et détournée de sa signification première, là où est pratiqué le mariage de la veuve avec le frère cadet de son

---

1. V. Nâràyan Mandlik a rassemblé un certain nombre de faits dans un tableau spécial, *Vyavah. Mayûkha*, p. 395 suiv.
2. Dubois, I, 10-1 ; V. N. Mandlik, p. 415 suiv. etc.
3. V. N. Mandlik, p. 406-7.
4. Cf. Hearn, *Aryan Household*, p. 102 suiv.
5. Zimmer, *Altindiches Leben*, p. 329.

mari défunt[1]. Beaucoup de castes la connaissent sous cette forme. Mais ce qui est parmi elles beaucoup plus ordinaire, c'est l'interdiction absolue du second mariage pour les veuves.

On sait combien l'hindouisme est rigoureux à l'égard des veuves. On se souvient de la peine qu'a eue l'administration anglaise à supprimer l'usage barbare qui condamnait la femme survivante à suivre son mari sur le bûcher. La coutume qui encourageait par tous les moyens, si elle ne l'exigeait pas expressément, un pareil sacrifice ne pouvait pas être tendre aux secondes noces pour les femmes. Si la condamnation n'en remonte pas aux périodes primitives, elle est à coup sûr fort ancienne : la tradition littéraire en fait foi. Elle a pris une singulière autorité dans l'Inde toute entière. Il s'en faut, et de beaucoup, que la prohibition soit universelle ; elle est générale dans les hautes castes[2]. Propagée, semble-t-il, avec ardeur par l'exemple et le conseil des brâhmanes, elle est devenue comme une pierre de touche pour le niveau social des castes ; celles qui la mettent en pratique sont seules estimées.

1. Cf. Henry Maine, *Hindu Law and Usage*, p. 62 suiv. ; Grant, *Central Prov. Gazetteer*, p. 276-7 ; V. N. Mandlik, p. 443 ; Lyall, *Berar Gaz.*, p. 188 ; Risley, *Ethnogr. Gloss.*, p. LXXIV.
2. H. Mayne, p. 84-5.

L'abandon en est une cause de déchéance pour des castes plus élevées d'origine [1] ; l'adoption en est pour les plus basses un moyen de s'élever, d'affirmer leur rang dans l'organisation brâhmanique. Au sentiment des meilleurs juges, cette règle, si elle n'est point védique, est d'origine brâhmanique [2] et s'est étendue de proche en proche. Quoi qu'il en puisse être, c'est encore une loi de caste, relativement à laquelle chacun suit la coutume héréditaire, réputée immémoriale, du groupe auquel il appartient par sa naissance.

D'autres particularités se lient à celle-là. Et par exemple, le divorce, qui n'existe pas légalement pour l'Hindou fidèle à la loi, se pratique, à côté du second mariage des veuves, dans nombre de castes inférieures [3]. Inversement, la coutume qui exige que les filles soient mariées enfants, plusieurs années souvent avant que la vie commune devienne possible, est considérée comme un signe de supériorité sociale. Là encore, la tradition de la caste exerce une pression souveraine. Un Hindou a ingénieusement tenté d'expliquer

---

1. Ibbetson, p. 174-5 ; Dubois, I, 14-5 ; V. N. Mandlik, p. 444 ; Risley, p. LXXXII-III, etc.

2. H. Sumner Maine, *Village Communities*, p. 53 suiv.; H. Mayne, *H. L. a. U.*, p. 82-4 ; Risley, p. LXXXI suiv.

3. H. Mayne, p. 84-5 ; V. N. Mandlik, p. 428, etc.

cette coutume comme un moyen d'assurer l'intégrité de la caste. En attendant l'âge où le désir s'éveille, on risquait que le goût des intéressés parlât plus haut que le scrupule religieux [1].

L'intérêt de la caste joue un rôle plus certain dans un cas qui mérite d'être signalé en passant, moins encore pour son extension que pour la tendance qu'il révèle.

Un homme n'est, en bonne règle, autorisé à chercher une fiancée que dans sa caste. Il est certain pourtant que la pratique, tempérée par les facilités que donne la polygamie, a toujours supporté bien des exceptions. Il subsiste en fait beaucoup du sentiment primitif en vertu duquel l'homme, élevant à lui, par le fait qu'il l'associe à son culte domestique, la femme qu'il épouse, peut jouir dans son choix d'une liberté plus large. De l'aveu même de la théorie brâhmanique, l'union d'une femme de haute caste avec un homme de caste basse entraîne pour leur postérité une déchéance beaucoup plus profonde que l'association inverse. La préoccupation de ne point marier leurs filles au-dessous d'eux, et, mieux encore, de les marier dans une classe plus haute, est devenue chez beaucoup de castes un penchant assez caractérisé,

---

1. J. Chandra Ghosh, *Calc. Rev.*, avril 1880, p. 284.

assez dominant, pour mériter un nom spécial. On l'a appelé *hypergamie*.

Signalé sur bien des points [1], c'est parmi les brâhmanes dits *kulînas* du Bengale qu'il a, jusqu'à ces derniers temps, produit les conséquences les plus frappantes, à telles enseignes, que pour cette caste au moins, le cas est devenu caractéristique. Le désir passionné chez des brâhmanes moins bien nés d'unir leurs filles à des Kulînas, joint à l'impossibilité pour ceux-ci de marier les leurs dans un rang plus humble, à la facilité qui leur est laissée de prendre, sans déchéance sensible, des femmes dans des castes de brâhmanes moins relevées, a eu pour effet de produire chez les Kulînas un développement absolument anormal de la polygamie [2]. Il en est résulté une situation morale et sociale qui a provoqué des plaintes trop justifiées. Mais, en somme, il s'agit ici d'une conséquence extrême, non d'une de ces règles positives dont je m'efforce de dégager les principales pour donner au lecteur une idée vivante d'un système si éloigné de nos habitudes.

On pourra s'étonner que je n'aie point encore

---

1. Cf. par exemple, Nesfield, p. 18 ; Ibbetson p. 512, 456 ; Risley, p. LXXXII suiv.
2. Ward, *View of the history, etc. of the Hindus*, I, p. 79 suiv. ; V. N. Mandlik, p. 448-9 note.

envisagé l'aspect religieux de la caste. Dans une société de type en somme très primitif comme la société hindoue, l'idée religieuse n'est étrangère à aucun fait, à aucun rouage et c'est justement un des caractères les plus saillans de la civilisation brâhmanique que l'inspiration religieuse y est partout présente, qu'elle en règle tous les ressorts. Notre analyse n'en a pas moins le droit de distinguer entre les élémens spécialement religieux et ceux qui, encore que sous des influences religieuses plus ou moins lointaines, relèvent de ce que nous considérons couramment comme l'organisation sociale.

En elle-même la caste ne se présente guère sous un jour religieux. Les croyances diverses s'y coudoient souvent sans hostilité et sans gêne apparente. La conversion religieuse ne change rien par elle-même à la condition de l'individu dans la caste [1]. Telles castes mixtes sont composées de Jainas et d'Hindous. La variété des opinions n'y fait point obstacle au *connubium* [2]. L'influence même que l'Islamisme a pu exercer sur le régime a été lente et surtout indirecte. C'est en vertu de certaines règles de pureté violées ou minées par des pratiques contraires, non pas au nom d'un

1. Ibbetson, § 346.
2. Nesfield, § 201 ; Ibbetson, p. 130.

dogme nouveau, que s'est faite la dissolution, là où elle s'est produite. Le système de la caste est pratiqué régulièrement par des tribus anâryennes dont les croyances particulières sont en médiocre harmonie avec les théories des brâhmanes dégradés qui leur servent de prêtres [1].

On a, je pense, été trop loin en refusant aux évolutions, aux actions religieuses toute influence sur le groupement des castes ; encore est-il visible qu'une influence de cette sorte ne s'exerce plus en somme qu'assez rarement et dans une mesure assez faible.

Les diverses castes observent dans les circonstances qui relèvent de la vie religieuse, mariages, funérailles, etc., une foule de pratiques souvent très particulières. Ce sont des usages chers à ceux parmi lesquels ils sont de tradition ; ils n'engagent en rien la croyance et n'intéressent la conscience religieuse qu'indirectement. Ces usages pourraient être piquans à décrire ; l'institution de la caste n'en recevrait pas de lumière nouvelle. Tout au plus serviraient-ils, par leur originalité et par leur diversité, à faire apparaître la caste une fois de plus, telle que tant d'autres indices nous la montrent, comme un organisme assez in-

---

1. Ibbetson, § 295.

dépendant dans son isolement, s'enveloppant de tout un réseau de menues institutions qui, dans tous les genres, contribuent à marquer et à fortifier son individualité.

Toutes, sous une forme ou sous une autre, avec un cérémonial plus ou moins méticuleux, célèbrent chacune à sa façon ces rites qui par tous pays scandent la carrière humaine à ses différentes étapes. Il est cependant une cérémonie qui n'appartient qu'à certaines castes, pour laquelle les autres ne possèdent aucun équivalent, et dont la signification religieuse primitive est certaine. Elle mérite d'être relevée ; la suite nous y ramènera en nous mettant en présence de l'enseignement brâhmanique. Je veux parler de « l'initiation », l'*upanayana* du sanscrit.

La théorie distingue tous les Hindous en deux grandes catégories, Çoûdras et Dvijas. Les *dvijas,* c'est-à-dire « deux fois nés », comprennent tous les membres des trois hautes castes, — sur lesquelles nous allons revenir tout à l'heure, — tous ceux qui ont reçu une sorte de naissance religieuse par cette initiation dont le point essentiel est l'investiture du cordon sacré. Les trois hautes castes n'existent plus, — si elles ont jamais existé, — dans leur condition théorique ; mais on continue de rencontrer dans l'Inde une multitude de gens qui portent en bandoulière, passant sur l'épaule gauche et descendant jusque sur la hanche droite, un mince cordon formé de neuf fils de coton tressés trois par trois. Ils considèrent cet insigne comme la plus précieuse de leurs prérogatives. Il marque en effet qu'ils ont été dûment introduits dans la vie religieuse, qu'une cérémonie essentielle leur a ouvert l'accès du Véda et des saintes études, leur a donné le droit de participer aux actes du culte, a fait d'eux enfin, si je puis dire, des Hindous de plein exercice, un peu à la façon dont le baptême fait des chrétiens.

C'est vers sept, huit ou neuf ans que l'investiture est ordinairement pratiquée. Elle ne s'applique qu'aux hommes. La femme, toujours plus ou moins mineure dans l'organisme archaïque de la famille, n'appartient à la communauté sacrale que par son père avant son mariage, après le mariage par son mari qui l'associe à son caractère semi-religieux de père de famille. Cette investiture est donc chose grave. Elle est entourée de rites et de fêtes qui remplissent plusieurs journées.

Ce qui nous intéresse surtout, c'est l'extension qu'a prise la coutume. Quelle qu'elle ait pu être jadis, la situation a certainement bien changé depuis les temps anciens. L'investiture devrait aujourd'hui en bonne justice être réservée tout au plus à quelques castes de brâhmanes. Bien d'autres se la sont appropriée, comme la consécration souveraine de leurs prétentions sociales. Non seulement tous les brâhmanes, même les plus déchus, les moins fondés à se prévaloir d'une imaginaire pureté de race, non seulement les classes mercantiles qui affectent d'être les héritières des Vaiçyas de la tradition, mais plus bas encore, les Kâyasthas du Bengale ont revêtu le cordon sacré [1]. Il a été usurpé même par des classes très humbles, comme les Soûds du Penjab [2], que cette prétention n'empêche ni de manger de la viande ni de boire des liqueurs ni d'autoriser le mariage des veuves. En général, il y a incompatibilité entre cet extrême relâchement et le port du cordon [3]. Mais il faut ici encore s'attendre à toutes les irrégularités. Je relève par exemple, au Penjab, la caste des Kanets, caste assez basse, dont une division porte le cordon, tandis que l'autre ne s'en revêt pas. Partout où l'usage s'en est propagé, il est sévèrement maintenu, il constitue un des privilèges saillans, une des règles les plus exactement surveillées.

1. *Calc. Review*, oct. 1880, p. 279.
2. Ibbetson, § 537.
3. H. Mayne, *op laud.*, p. 84, 85.

C'est l'ensemble de ces règles, souvent si minutieuses, qui dessine la physionomie propre de chaque caste. Chacune en effet a un sentiment de sa cohésion qui fait sa durée et sa force. Il se personnifie quelquefois dans un culte spécial rendu à quelque patron divin ou légendaire [1] : Citragupta, le greffier infernal, pour les scribes ; Lal Guru ou Lal Beg pour les balayeurs [2], pour les forgerons [3] ; Râja Kidar pour certains pêcheurs, etc. On pourrait ailleurs citer, à défaut de protecteurs aussi spéciaux, des divinités qui, quoique appartenant au Panthéon commun, reçoivent de telle ou telle classe un culte de prédilection. Les traces d'un culte ancestral proprement dit paraissent rares. On a eu raison de le faire remarquer [4]. On a eu tort d'édifier sur ce fait des conclusions positives. Car, là où nous avons des renseignemens un peu circonstanciés, nous trouvons que presque toutes les castes possèdent, sur leur origine, sur leurs migrations, des souvenirs ou des légendes [5] qui supposent, de sa cohésion généalogique, un sentiment aussi net que pourrait le révéler l'in-

1. Nesfield, § 162, 101
2. *Ibid.* § 94.
3. *Ibid.* § 162.
4. *Ibid.* § 101.
5. On trouvera nombre d'exemples dans le *Poona Gazetteer*.

vention de quelque éponyme commun. Cet éponyme même ne fait pas toujours défaut [1].

[1]. Comp. Sans Mal, le fondateur de la carte des Sànsis, Ibbetson, § 216.

VI

Si fort que soit le lien du sang dans la caste, c'est son organisation corporative, sa juridiction reconnue, qui manifeste et garantit sa perpétuité.

M. Beames[1] nous a conté une aventure dont il fut témoin et qui nous met en contact immédiat avec cette organisation, ses attributions, son mécanisme. Elle mérite d'être rapportée en raccourci. C'était à Purneah ; un homme de basse caste, un *dhobi* ou blanchisseur, était suspecté d'entretenir avec une sienne tante un commerce coupable. Il niait, mais refusait d'éloigner de sa maison sa complice présumée. Il finit par l'épouser ouvertement. Personne de sa caste ne consentit à assister au mariage ; le sentiment public était très monté contre le couple. Finalement tous les membres de la caste habitant le district, — plusieurs centaines, — se réunirent et élurent un nombreux jury qui, après un examen attentif des faits, reconnut les accusés coupables et prononça leur exclusion. Une circulaire dûment signée par

---

[1]. Ap. Elliot, I, 281-2.

les juges, transmise de main en main, avertit, dans tous les districts voisins, tous les gens de la caste qu'un tel, ayant été convaincu de conduite immorale et contraire aux pratiques héréditaires, avait été privé de tous ses droits, que personne ne pouvait par conséquent, sous peine de partager son sort, manger, boire ni fumer avec lui. Le malheureux condamné, après avoir supporté pendant quelques semaines les effets de la sentence, trouva vite intolérable la vie qui lui était faite. Peu après il se soumettait, se séparait de sa femme. Il dut, à titre d'expiation et d'amende, donner un grand repas ; toute la confrérie y mangea avec lui, et il fut dès lors réintégré dans ses droits.

Cette organisation n'est, bien entendu, réglée que par la coutume ; elle est donc soumise à toutes les incertitudes, à tout le décousu des institutions que le temps, les circonstances, voire des fantaisies accidentelles, peuvent modifier, sans être contenues par aucun frein strictement légal. Les élémens essentiels n'en varient guère. Ce sont les mêmes qui président de tout temps à l'organisation de la famille élargie, du clan. Dans l'Inde, ils se retrouvent ailleurs encore que dans la caste, dans la constitution du village avec ou sans propriété commune, dont les rouages, fonctionnant côte à côte, peuvent même pour nous, observateurs trop lointains, prêter à plus d'une confusion avec ceux de la caste.

Les deux organes constans sont le Chef et le Conseil ou *panchâyet*.

Il y a bien certaines castes dont on nous dit qu'elles n'ont pas de chef, comme les Kâchis à Poona[1]. C'est à coup sûr une exception peu fréquente. Elle confirmerait, ce qui est d'ailleurs apparent, que c'est au Conseil représentatif de la caste qu'appartient l'autorité principale. A vrai dire, c'est dans la caste tout entière qu'elle repose, et cette constitution rudimentaire est singulièrement démocratique. S'il est question d'une juridiction directement exercée et d'amendes prononcées *proprio motu* par un chef ou son représentant, c'est dans une caste de Jainas, essentiellement ecclésiastique, dont le chef est un véritable Guru, un supérieur de confrérie religieuse, plus qu'un chef de caste[2]. J'ai, pour ma part, peine à croire que, comme Elliot le répète, sans rien affirmer du reste, à propos des chefs de la

---

1. *Poona Gazetteer*, I, 284.
2. Steele, *Hindoo Castes*, p. 102. On pourrait à cet égard comparer la juridiction qu'exercent sur les brâhmanes d'un district certains brâhmanes, chefs de Maths ou collèges monastiques ou *dharmâdhikârins*, jurisconsultes, entourés d'un respect particulier (Steele, p. 88-90).

caste des Banjâras, l'autorité de leurs décisions personnelles ait jamais pu aller jusqu'à infliger la peine capitale.

Ces chefs reçoivent, suivant les classes et suivant les régions, des titres très variés : Mihtar, Choudry, Naïk, Patel, Parganait, Sardar[1], etc. L'emploi est généralement héréditaire et, à moins de forfaiture qui justifie une déposition et un choix nouveau, se transmet dans la même famille. La caste n'intervient guère par l'élection qu'à défaut d'héritier. L'aire sur laquelle s'exerce son autorité est variable. Ce pouvoir ne peut d'ordinaire, à cause de la dispersion de la plupart des castes, s'étendre qu'à une fraction plus ou moins large de chacune d'elles ; il n'exclut naturellement pas, dans les circonstances graves, les assemblées plénières.

Le chef jouit de privilèges honorifiques auxquels sa femme est associée, et d'avantages matériels, tels que présens, participation à certains revenus, exemption de certaines charges. Dans son ressort il préside à toutes les fêtes, à celles qui accompagnent les mariages ou suivent les funérailles, à celles qui intéressent le temple du

---

[1]. Steele donne sur eux et sur le fonctionnement intérieur des castes dans le Dekhan les renseignements les plus précieux. J'y renvoie une fois pour toutes.

village. Les profits afférens à la fonction font que, dans quelques castes au moins, elle se peut vendre ou engager. Son rôle a quelque chose de patriarcal : le chef réunit et préside la caste, arrange les mariages, règle en arbitre les cas litigieux. On le voit, chez certaines classes mercantiles, servir d'intermédiaire et de garant dans les marchés[1]. Aussi sa dignité est-elle protégée contre toute désobéissance, tout manque d'égards, par le Panchâyet qui l'assiste.

Il est en effet toujours entouré d'un Conseil d'anciens où les représentans les plus considérés de la caste prennent place.

Ce conseil n'est pas nécessairement permanent ; il peut, suivant les circonstances, être désigné spécialement en vue de telle ou telle affaire. Quelle que soit la part d'action qui lui appartient et qui lui est spécialement attribuée dans certains cas de mariage et de divorce[2], il semble que son autorité soit rarement décisive. C'est aux assemblées de la caste qu'appartient le dernier mot.

Elles sont plus ou moins étendues suivant les cas ; mais elles paraissent en général fonctionner comme représentant la caste entière, comme revê-

---

1. Elliot, *loc. laud.*
2. Atkinson, *North-West. Prov. Gazetteer*, cité par V. N. Mandlik, p. 454.

tant la plénitude de son autorité. Convoquées par le chef, spontanément ou sur l'invitation de quelques membres, elles ont seules qualité pour trancher, de concert avec lui, dans les cas graves, tels que l'exclusion provisoire ou définitive, des points controversés du droit coutumier. Tous les hommes en âge de mener par eux-mêmes leurs affaires y sont appelés. Le droit de se faire représenter dans la discussion et dans le vote n'est pas partout admis. Les questions se décident en somme à la majorité des votans ; mais, faute d'un pouvoir effectif de coercition, il arrive que des partis à peu près égaux, restant en présence ou opposant assemblée à assemblée, tiennent en suspens le point contesté.

On imagine, sans que j'y insiste, combien ce petit droit parlementaire est indécis. Il suffit qu'on en entrevoie les lignes maîtresses. On y reconnaît les principaux traits qui reparaissent un peu partout dans la vie des tribus qui ne se sont point élevées encore à une véritable organisation politique. Et nous ne nous étonnerons pas que des assemblées et des usages analogues règnent parmi les populations nomades anâryennes aussi bien que chez les castes qui sont encadrées dans l'organisation brâhmanique [1].

---

1. Ibbetson, § 587.

Le point intéressant, c'est la compétence de la caste ; c'est de ce côté que nous pouvons attendre les indications les plus instructives sur le vrai caractère de l'institution. Elle est à la foi civile, familiale, judiciaire.

La caste intervient dans la plupart des circonstances solennelles qui intéressent uniquement à nos yeux la vie de famille. Je n'entends pas parler seulement des solennités qui réunissent la caste, ou au moins ses représentants principaux à l'occasion des naissances [1], — quelquefois même à une certaine période de la grossesse, — des noces, des funérailles [2]. Le cas n'est pourtant pas si futile qu'il pourrait paraître ; ces réunions n'ont pas le caractère de simples divertissements facultatifs. Dans certaines classes, on nous assure que leur omission entraîne jusqu'à l'exclusion de la caste [3]. Mais je pense surtout à l'intervention de la caste dans les mariages ; son autorité en cette matière n'est guère contestée [4]. Elle se manifeste dans plusieurs coutumes singulières, comme chez les Ghisâdis [5], où le père d'un fils à marier réunit pour lui chercher un parti ses compagnons de

---

1. Par exemple, *Poona Gaz.*, I, 187, 277,
2. *Ibid.*, I, 428, 382, 393, etc.
3. Chez les Sonars de Poona, *Poona Gaz.*, I, 374.
4. V. N. Mandlik, p. 409.
5. *Poona Gaz.*, I, 335.

caste, chez les brâhmanes Kânojis de Poona[1], où une assemblée de la caste propose les mariages à faire dans son sein.

Là où le divorce est admis, ainsi que les secondes noces, c'est avec le concours, l'approbation et sous la responsabilité de la caste [2], quelle que puisse être aujourd'hui la tendance des juges anglais à limiter de ce chef son pouvoir [3]. Son rôle dans la procédure de l'adoption est donc parfaitement naturel ; il est logiquement indiqué. Et, en effet, le consentement de la caste à l'adoption est ordinairement jugé nécessaire. Non seulement elle intervient à l'occasion pour la faciliter ; mais une adoption dont elle n'a pas dûment reçu connaissance est généralement estimée nulle. A plus forte raison faut-il son agrément pour qu'une veuve sans enfans puisse adopter [4]. En tout ceci la caste est assimilée aux parens dont la présence est requise, en signe d'acquiescement ; et, sous ce jour, elle apparaît rigoureusement comme un prolongement de la famille ; elle en figure le grand conseil commun. C'est encore à ce titre que, au besoin, elle procède aux arrangemens nécessaires

---

1. *Ibid.*, I, 169.
2. V. N. Mandlik, p. 428, 434, 454 ; Steele, p. 170.
3. J. S. Siromani, *Comm. H. Law.* p. 184.
4. Steele, p. 184 suiv. et passim.

pour assurer la tutelle des orphelins ; à défaut de parents, cette tutelle est dévolue à son chef [1].

Elle est aussi un véritable tribunal. On cite des cas ou elle a prononcé la peine capitale [2]. Ils sont déjà anciens, et aujourd'hui, sous la domination anglaise, pareille chose ne serait plus possible. Mais, en théorie, sa juridiction s'étend à de véritables crimes ; le meurtre d'un brâhmane, d'une femme, d'un enfant sont parmi les péchés graves dont la caste aurait le droit de connaître [3]. En fait, son pouvoir s'exerce beaucoup moins sur des crimes ou des délits de droit commun que sur les règles particulières à la caste. Ces règles nous paraissent et bien minutieuses et bien frivoles, mais le maintien strict en importe à la caste autant qu'il préoccupe les consciences enfermées de tout temps dans ce réseau d'observances tyranniques. C'est une juridiction des mœurs et des usages. Elle veille à ce que les coutumes soient fidèlement observées ; elle punit les infractions qui s'ébruitent. Dans son domaine elle est souveraine ; les décisions favorables ou contraires des magistrats civils l'inquiètent peu [4].

---

1. Steele, p. 191.
2. Dubois, I, 34-5.
3. Steele, p. 150, al.
4. J. Chandra Ghosh, *Calc. Review*, oct. 1880, p. 282.

Il serait malaisé de dresser une liste même approximative des fautes contre lesquelles s'exerce la vindicte judiciaire de la caste. Celles mêmes qui sont communes à toutes, l'usage de certains alimens estimés impurs, les rapports avec des castes dont le contact imprime une souillure, surtout la communauté de repas avec elles, sont suceptibles, suivant les cas, d'une foule de nuances qui ne sont point indifférentes. L'usage de liqueurs fermentées n'est pas également proscrit ni puni partout. L'adultère est poursuivi ; il est d'ailleurs, chez la femme, envisagé d'un œil fort différent, suivant que le complice est un homme de haute caste ou de caste inférieure[1]. D'autres cas sont plus spéciaux à certains groupes : il y en a où la prostitution, n'étant pas reconnue comme la profession normale de la caste, entraîne des châtiments. Négliger les funérailles d'un parent ou tuer une vache sont au contraire des fautes si graves qu'elles doivent presque partout appeler les sévérités de la loi. En revanche, un certain nombre seulement parmi les castes sont assez strictes pour punir l'homme qui a eu le tort de ne pas marier une fille avant l'âge de la puberté[2], de négliger, au delà d'une certaine date, l'initiation

1. Steele, p. 173-4.
2. *Ibid.*, p. 163-4.

de son fils et l'investiture du cordon sacré[1].

Une juridiction de cette nature, uniquement assise sur la coutume, nécessairement contrariée par l'action rivale de la justice qu'applique pour sa part le pouvoir territorial, si faible qu'il puisse être, fractionnée entre une foule de corporations inégales, indépendantes, hostiles même, — une pareille juridiction ne peut manquer d'être capricieuse. Et puis de notre temps, sous la forte main de l'administration britannique, ces justices particulières se détendent, comme s'alanguissent plusieurs des notions ou des préjugés d'où dérivait leur autorité. Ce n'est pourtant pas un portrait après décès que nous esquissons. L'institution incline vers sa décadence ; les ressorts ne sont pas immobilisés ; ils ont des irrégularités et des lenteurs.

Ajoutez que nous sommes, sur le détail, renseignés vaguement. Le maniement direct, personnel, de la charrue, la culture des légumes, sont, par exemple, partout dans les hautes castes, réputés des causes de déchéance ; sont-ce des délits qui puissent, dans certains groupes, faire l'objet d'une condamnation en forme ? Je le pense, mais n'oserais l'affirmer. Ce qui est clair, c'est que la vindicte de la caste s'attaque essentielle-

---

1. V. N. Mandlik, p. 461.

ment aux irrégularités qui, portant soit sur les questions de mariage et d'hérédité, soit sur des observances de pureté, soit sur des coutumes propres au groupe, intéressent directement son intégrité.

Dans cette tâche, la justice de la caste use de moyens de répression gradués. Elle prononce des amendes, en général peu élevées, comme il convient en un pays assez pauvre, et mesurées aux ressources des coupables. Le produit en est appliqué, soit à quelques charités, soit à des fêtes communes[1]. Ses armes propres et caractéristiques sont des pénitences purificatoires, des repas où le condamné doit convier la caste, enfin et surtout l'exclusion ou absolue ou temporaire. La peine, bien entendue, varie non pas seulement suivant la faute, mais, pour la même faute, suivant les usages, suivant la gravité de la décadence qu'ils ont pu subir. La fantaisie des juges, certaines considérations personnelles plus ou moins avouées, plus ou moins avouables, y jouent aussi leur rôle. Tel cas entraînera ici l'exclusion perpétuelle qui, là, paraîtra suffisamment châtié par une expiation bénigne. Les informations ne sont pas concordantes.

---

1. Par exemple chez les Vânis, *Poona Gaz.*, I, 277.

L'exclusion irrévocable se fait, je pense, de plus en plus rare. Même pour des fautes très graves, elle ne doit guère être maintenue contre des gens qui disposent de quelque influence sur leurs compagnons ou de ressources suffisantes pour désarmer leur sévérité. On en parle surtout là où il s'agit de punir des relations et une communauté prolongées avec des classes méprisées et impures, ou encore des crimes véritables.

C'est, à vrai dire, un châtiment beaucoup plus redoutable qu'il ne nous paraît à première vue. Comme le disait l'abbé Dubois[1], « cette exclusion de la caste qui a lieu pour la violation des usages ou pour quelque délit public qui déshonorerait toute la caste s'il restait impuni, est une espèce d'excommunication civile, qui prive celui qui a le malheur de l'encourir de tout commerce avec ses semblables. Elle le rend, pour ainsi dire, mort au monde... En perdant sa caste, il perd non seulement ses parens et ses amis, mais même quelquefois sa femme et ses enfants, qui aiment mieux l'abandonner tout à fait que de partager sa mauvaise fortune. Personne n'ose manger avec lui ni même lui verser une goutte d'eau... Il doit s'attendre que, partout où on le reconnaî-

---

1. I, p. 36.

tra, il sera évité, montré au doigt et regardé comme un réprouvé... Un simple çoûdra, pour peu qu'il ait d'honneur et de délicatesse, ne voudra jamais s'allier ni communiquer même avec un brahme ainsi dégradé. »

Le cérémonial en est significatif : on célèbre proprement les funérailles du coupable exclu de la caste[1] ; c'est bien la mort civile avec tous ses effets. Si l'exclu est un homme, sa femme et ses enfans ne peuvent rester purs et garder leur place dans la caste qu'en abandonnant le maudit. Il devient inhabile à hériter[2], à adopter[3]. Ce qui est fort naturel, puisque les enfans mêmes qui lui naîtraient après son éviction, partagent son sort ; ils ne peuvent être réintégrés que s'ils délaissent leur père, s'ils se soumettent à une pénitence.

Les pénitences sont variées : ce sera un pèlerinage à quelque temple renommé, un bain dans le Gange, ou simplement un jeûne. Le coupable pourra être condamné à avoir les moustaches rasées, à être marqué au fer, à subir une brûlure sur la langue ; ou bien il devra absorber le breu-

---

1. Pour l'usage actuel, voy. par exemple, Steele, p. 173.
2. Bien que la règle ne soit peut être pas absolue, Steele, p. 155, et surtout ne soit plus reconnue par la justice Anglaise.
3. Steele, p. 183.

vage réputé purificatoire, à coup sûr très répugnant pour nous, du *panchagavya,* mixture des cinq produits de la vache : lait, petit-lait, beurre... et le reste. Dans tous les cas, il devra s'humilier devant la caste assemblée, donner des témoignages publics de sa docilité et de son repentir[1]. Par-dessus tout, il offrira à sa caste un repas dont les frais seront à sa charge.

On ferait tort aux Hindous, si l'on attribuait à leurs seuls instincts de sociabilité le prix qu'ils mettent à cette sorte de banquets. Leur inclination, la propension qu'on a souvent constatée pour les réjouissances collectives et bruyantes chez les populations les plus sevrées par la vie quotidienne d'aisance et de plaisirs, ont bien pu contribuer à en exagérer le déploiement. L'origine même en est sûrement plus grave et mieux justifiée. Si l'exclusion du repas commun est un des effets les plus apparens, les plus inévitables, de la déchéance, l'admission du coupable réhabilité à la table de ses congénères doit être la consécration publique de sa réintégration. Les deux cas sont inverses, mais solidaires ; les deux découlent d'une même source que la suite va nous découvrir, et, pour le dire tout de suite, d'un or-

---

1. Steele, p. 150; Dubois, I, p. 41 suiv.

dre de préocupations plus nobles qu'un jugement frivole ne serait tenté de l'admettre d'abord.

J'ai parlé jusqu'ici comme si cette justice particulière était exercée uniquement par la caste elle-même ou par ses représentans autorisés, au nom de ses usages traditionnels. C'est bien ainsi que se présentent les faits. Mais ces usages ont été incorporés dans le code religieux du brâhmanisme, ils sont appliqués au nom d'une autorité religieuse qui se retrempe, si elle n'y prend pas sa source, dans la tradition écrite. Ainsi arrive-t-il que c'est souvent un brâhmane qui dirige la procédure ; c'est avec l'aide de ses lumières que décide la caste ou son conseil. Quelquefois même, le brâhmane semble agir seul. C'est le fait d'une délégation plus ou moins tacite.

VII

Dès le début j'ai mis le lecteur en garde contre l'illusion commune qui fait concevoir l'organisation des castes comme un cadre immuable, coupé de cloisons infranchissables, comme un système ou l'autorité d'une construction harmonique et réfléchie serait soutenue par le prestige d'une identité toujours intacte. Il faut que j'y revienne. L'esquisse des traits fixes risquerait d'égarer les impressions, si l'on ne voyait en action quelques-uns au moins des agens qui portent la variété, la mobilité, la vie, dans ce vaste organisme. Des fermens de rénovation l'agitent, le modifient incessamment ; le principe hiérarchique qui le pénètre tend à la conservation et à la stabilité. Ce sont deux grands courans qui le traversent en sens contraires.

Tous les hommes qui ont observé de près la société hindoue sont unanimes à y constater un actif va-et-vient dans la composition, le rang, les occupations des castes. Un des plus perspicaces va jusqu'à déclarer que, si la descendance constitue une présomption en faveur des prétentions de la génération suivante, c'est une simple présomption, que modifient ou infirment un nombre infini de circonstances[1]. On ne peut ouvrir aucun des documens qui nous sont accessibles sans se heurter à une foule de témoignages ou de faits, d'indices ou d'affirmations, qui présentent ce monde de corporations juxtaposées et enchevêtrées dans un mouvement continuel et double, de désintégration, de reconstitution.

Les grandes castes à nom générique, — les Brâhmanes, les Râjpouts, les Jats, — ne sont à vrai dire, que des collections de castes ; l'unité réelle est dans les subdivisions, sous-castes, clans ou comme on voudra les appeler. Je l'ai dit, il importe de s'en souvenir. Le nom de Râjpouts n'est qu'un titre honorifique dont l'unité embrasse une foule de tribus, de castes, différentes d'origine, de profession, de coutume. Les Jats du Penjab sont, à n'en pas douter, un mélange de populations fort diverses. Et le Jat n'a pas si tort, quand on le questionne sur sa caste, de répondre par le nom d'un clan, qui est sa vraie patrie corporative[2].

Ces sections mêmes se morcellent. Les noms se diversifient, le penchant sécessionniste continue

---

1. Ibbetson, p. 172.
2. *Ibid.*, p. 427.

son œuvre. C'est ainsi que, parmi les castes de Brâhmanes, de Vaidyas, de Kâyasthas, au Bengale, se constituent de petits groupes appelés *dals*, *samâjas*, quelquefois *melas*, qui ne tardent pas à fermer, pour ceux qui en font partie, l'horizon de la caste, soit que le voisinage seul les rapproche d'abord, soit qu'ils se distinguent par quelque usage qu'un homme d'autorité exceptionnelle a su leur faire adopter [1]. C'est même là, dans ces petits groupes, que réside l'élément novateur par l'intermédiaire duquel peut, de proche en proche, grâce à l'infusion discrète de pratiques nouvelles, se propager un déplacement plus général d'idées et d'habitudes. En attendant, le premier résultat est de multiplier les fractionnemens et les castes. Des sections se constituent, numériquement très faibles ; la porte s'ouvre d'autant plus large aux modifications de tout ordre que l'entente d'un petit groupe est suffisante pour les fonder.

D'un usage particulier une caste nouvelle peut naître. Il y a d'autres facteurs.

La répartition géographique d'abord. C'est en raison de leur dispersion que les Jainas de l'Inde du Nord ont formé six castes que ne distingue

---

[1]. Guru Proshad Sen, *Calc. Review*, avril 1890, p. 335, 339-41 ; Nil Kant Chatterjee, *ibid.*, juillet 1891, p. 129 suiv.

aucune particularité professionnelle[1]. Les migrations constituent invariablement en une caste spéciale la branche qui s'est détachée du tronc primitif. Nulle part le fait n'est plus apparent que parmi les castes de brâhmanes, qui ont conservé des souvenirs généralement plus précis de leurs origines ; mais il se vérifie à tous les degrés de l'échelle[2].

La religion intervient aussi. Bien que la caste ait su résister à l'action contraire de l'islamisme, qu'elle se soit imposée souvent aux sectateurs d'une croyance qui théoriquement ne lui est guère sympathique, il est certain que l'islamisme a, en envahissant l'Inde, porté à cet égard quelque perturbation dans les régions où il s'est le plus solidement assis. Beaucoup de classes professionnelles, dans l'ouest, se divisent en tribus hindoues et tribus musulmanes qui se font pendant[3]. A elle seule la différence des idées sur la pureté extérieure est de nature, sinon à supprimer les dénominations communes, du moins à relâcher le faisceau, à créer des schismes réels. Et il semble bien que la conquête musulmane ait, en détendant les liens de la caste, ramené dans certains cas,

1. Nesfield, § 199, 200.
2. Cf., par exemple, Ibbetson, § 343.
3. Ibbetson, § 619 ; Nesfield, § 98.

à la situation de simples tribus les castes guerrières qu'elles ont pénétrées [1]. La propagation de la doctrine des Sikhs a, elle aussi, contribué à l'évolution de plusieurs castes. En adhérant à la secte, elles trouvaient un moyen de relever leur niveau social. Le calcul est d'autant plus naturel que le Sikhisme élimine théoriquement la notion de caste. Il est du reste sensible que cette ascension est toujours accompagnée, et sans doute justifiée en partie, par l'abandon de certaines occupations réputées dégradantes [2]. Les superstitions mêmes des tribus anâryennes ont pu agir pour leur part, s'il est vrai, comme l'estiment de bons juges [3], que des sections de prêtres sorciers aient été incorporées, à titre de brâhmanes, que, par exemple, les brâhmanes Ojhas des Provinces nord-ouest, d'autres encore, n'aient pas une origine plus brillante.

Dans le sein de l'hindouisme proprement dit, plusieurs castes ou sous-castes doivent leur individualité à des sécessions religieuses. Les Lingayets du Dekhan [4] forment bien une classe spéciale fondée sur leur attachement au culte çivaïte du

1. Ibbetson, § 456.
2. *Ibid.*, § 567.
3. Cf. Sir A. Lyall, *Asiatic Studies*, p. 175-6, al. et p. 172 suiv.; Nesfield, p. 63, 79.
4. Steele, p. 105 suiv.

linga. Et quelles que soient les raisons particulières qui les ont morcelés en cinq castes, c'est encore en vertu d'une considération religieuse, en vertu du rôle sacerdotal qui lui est dévolu, que la première, celle des Jângamas, s'est séparée et a assuré sa prépondérance.

De tout temps, les sectes ont pullulé dans l'Inde ; cette végétation est loin d'être arrêtée. Il en naît presque d'année en année. Il est vrai que c'est d'ordinaire pour s'absorber bien vite dans la marée montante de l'hindouisme qui, malgré son caractère composite, est réputé orthodoxe. En général ces mouvemens religieux, très circonscrits, donnent naissance seulement à des groupes d'ascètes qui, étant voués à la pénitence et au célibat, excluent la condition première de la caste, l'hérédité. Ils se recrutent par les affiliations volontaires où s'adjoignent des enfans empruntés à d'autres castes. Cependant, nombre de ces confréries, étant composées d'associés des deux sexes, tournent plus ou moins en castes héréditaires, quelquefois très restreintes, tels que les Arâdis et les Bhâradis de Poona[1]. Les Vairâgis sont autrement nombreux[2] ; subdivisés en plusieurs sections, à

---

1. *Poona Gaz.*, I, 444, 446.
2. Steele, p. 109 suiv. Sur leur situation au Bengale, comp. Guru Proshad Sen, *Calc. Review*, juillet 1890, p. 59.

l'instar des vraies castes, ils ne forment pas encore une caste strictement héréditaire. L'évolution est plus avancée chez les Gosains, qui, ayant admis le mariage, constituent maintenant des castes de plein exercice [1]. Certaines sectes, comme celles des Bishnoïs, au Penjab, fondée au xve siècle par un Râjpout de Bikanir, n'ont jamais eu l'aspect ni la règle d'un ordre religieux ; elles fournissent un exemple tout à fait net de gens abandonnant, sous l'empire d'une commune hérésie, leur groupe primitif, pour se former en corporation autonome [2].

Les mouvemens qui se produisent ainsi dans les castes et en modifient incessamment l'assiette, sont individuels ou sont collectifs. Certaines gens trouvent moyen, grâce à des protections puissantes ou à des subterfuges, à des fictions ou à la corruption, de s'introduire isolément dans des castes diverses ; le fait est fréquent surtout dans les pays frontières, d'une observance moins stricte [3]. On a vu des hommes de toute caste créés brâhmanes par le caprice d'un chef [4]. Telle caste peu sévère, sous certaines conditions, ouvre

1. Nesfield, § 144.
2. Ibbetson, § 123
3. *Ibid.*, § 422, 423.
4. Elliot, I, 148; Nesfield, p. 79.

aisément ses rangs à tout venant¹. Telles tribus nomades ou criminelles, moyennant payement, s'adjoignent volontiers des compagnons².

C'est par masses plus ou moins compactes que se font les changements caractéristiques.

Ainsi qu'on le peut prévoir, ils obéissent à deux courans opposés. Certaines castes ou sections se constituent en s'élevant dans l'échelle sociale ; d'autres, plus nombreuses, se résignent à une déchéance que les circonstances leur imposent. C'est dans les règles qui, d'après le système brâhmanique, dominent la vie de la caste, règles de pureté, lois familiales ou croyances religieuses, qu'est le pivot autour duquel se prononcent ces mouvements.

Des populations aborigènes, peu civilisées, se brâhmanisent graduellement. Elles entrent peu à peu dans le cercle de l'hindouisme par une procédure qu'a ingénieusement mise en lumière sir A. Lyall³. M. Risley⁴, analysant à son tour cette évolution, en distingue quatre types. Un certain nombre de chefs, ayant acquis quelque propriété foncière et la considération qui s'y attache, s'en-

1. Sur les Banjâras cf. Nesfield, § 80.
2. Ibbetson. § 577.
3. *Asiatic Studies*, p. 103, al.
4. *Ethnogr. Gloss.*, p. XV suiv.

tourent de brâhmanes qui leur fabriquent une généalogie et une origine légendaire ; ou bien, des aborigènes se jettent dans les bras de quelque secte hindoue en abandonnant leur nom primitif ; ou encore, une tribu entière s'enrôle sous la bannière de l'hindouisme en créant une caste nouvelle ; ou enfin, l'évolution se produit lentement et se manifeste par le changement de nom. Dans tous les cas c'est l'adoption des fêtes, des usages religieux hindous, l'adoption des pratiques de purification et des lois qui règlent le mariage, surtout le respect prodigué aux brâhmanes reconnus comme prêtres et maîtres religieux de la tribu, qui marquent et autorisent cette ascension. De tous côtés les exemples affluent : Minas de l'Inde Centrale [1], Bâgris [2] des Provinces nord-ouest, Khands et Santias de l'Orissa [3], que sais-je encore ? Le mécanisme est toujours le même [4]. Ainsi s'explique que plusieurs clans râjpouts portent le nom de tribus anâryennes ; c'est sans doute qu'ils en sont nés [5]. Il ne serait pas plus surprenant que beaucoup de Râjpouts du Penjab se fussent constitués des débris de plusieurs clans ou castes, au

1. Hearn, *Aryan Household*, p. 301, 306.
2. Elliot, I, p. 9.
3. N. K. Bose, *Calc. Review*, juillet 1891, p. 110.
4. Ibbetson, § 545-7 ; Nesfield, § 118-20.
5. Nesfield, p. 16-18.

fur et à mesure que leur accession à la propriété du sol leur conférait une importance sociale grandissante et colorait leurs ambitions [1].

Il en arrive de même, bien entendu, pour des castes constituées dès longtemps dans les milieux hindous. Tel clan d'Ahîrs se forme en caste spéciale, dédaigneuse de ses anciens congénères, au prix de quelques réformes, en condamnant les femmes à la réclusion réglementaire, en supprimant les secondes noces pour les veuves [2] ; les Chamârs qui abandonnent la manipulation déshonorante du cuir pour le tissage deviennent des Chamârs Joulâhas, en attendant qu'ils soient réputés Joulâhas de plein droit ; des Choûhras, qui renoncent au métier de vidangeurs, se transforment en Mourallis. Les cas ne se comptent plus.

Plus fréquente encore est la marche inverse. Les enfants illégitimes de la caste des Karanas, en Orissa, se sont formés en un groupe spécial [3]. Dans la même province, une caste de Chattarkhaïs s'est recrutée des gens de toute origine qui ont perdu leur respectabilité pour s'être nourris aux « cuisines de secours » pendant la dernière

---

1. Ibbetson, § 339.
2. *Calcutta Review*, juillet 1891, p. 109.
3. Ibbetson, § 441. Cf. encore Atkinson, dans le *Journal of the Asiat. Soc. of Beng.* 1884, p. 44.

famine. Elle s'est même rapidement subdivisée en deux sections, suivant le rang antérieur des nouveaux venus [1]. Tout en conservant leur titre et l'usage du cordon sacré, les brâhmanes qui prêtent leur office à des classes méprisées tombent eux-mêmes dans un discrédit qui les met vis-à-vis de leurs congénères dans un état de rigoureuse quarantaine. Le maniement de la charrue ne leur est pas moins fatal. On en voit, parmi les Thâvîs, les Dhoûnsars, les Dharoûkras [2], qui, par ces infractions ou par d'autres, ont aliéné, dans un passé récent, jusqu'au titre qui leur assurait naguère un reste de supériorité et de respect. Quoiqu'ils prétendent à une origine brâhmanique, qu'ils enferment leurs femmes et portent le cordon, les Tagas ne sont plus au Penjab qu'une caste criminelle de voleurs [3]. On peut imaginer que la même déchéance frappe plus facilement encore des castes plus modestes, Râjpouts, Banyas et autres. Il serait sans profit de grossir la liste.

Par les facteurs qui modifient la condition des groupes, on peut juger des considérations principales qui en règlent la hiérarchie. Elle est très

---

[1]. Risley, p. VIII.
[2]. Ibbetson, § 423, 534, 586.
[3]. *Ibid.*, § 282-3.

pointilleuse; elle n'est pas invariable, il s'en faut. Des circonstances spéciales surtout les hasards historiques qui à un moment donné, ont porté au pouvoir dans une province le représentant de telle classe qui, d'origine, n'y paraissait pas destinée, peuvent altérer l'harmonie des lignes générales. La race agricole des Kounbis à Poona va jusqu'à se parer de la qualité de Kshatriyas ; le grand rôle qu'a joué au XVII° siècle un de ses membres, Çivajî, comme fondateur de la puissance mahratte, n'est pas étranger à cette prétention [1]. Mais, à tout prendre, ce qui règle la préséance, c'est le degré de fidélité avec lequel chaque caste se conforme, ou fait profession de se conformer, aux enseignements brâhmaniques, soit pour le mariage ou la pureté extérieure, soit pour les occupations ou les coutumes accessoires dont j'ai tenté de donner quelque idée. C'est avant tout l'impureté supposée de leurs métiers ou de leur nourriture qui fait l'abjection des castes les plus basses, celles pour lesquelles prévaut la dénomination impropre d'*outcasts* [2]. On conçoit que les scrupules de chacun soient ici en éveil puisque la prescription essentielle revient à ne jamais frayer avec des individus inférieurs et souillés.

---

1. *Poona Gaz.*, 1, 284-5.
2. Ibbetson, p. 153.

Chose caractéristique, la vanité généralement très exaltée des divers groupes s'attache surtout à revendiquer des liens parfaitement chimériques avec des castes comme les Kshatriyas, les Vaiçyas, du système brâhmanique, qui n'ont aucune réalité, au moins actuelle. Elle ne se peut donc autoriser d'aucune tradition sincère. Elle est tardive et s'inspire, comme le système hiérarchique tout entier, de la théorie sacerdotale.

Il n'est pas étonnant que le couronnement de toute l'ordonnance soit la primauté qu'elle assure aux brâhmanes. Les priviléges de toutes sortes dont ils bénéficient, les respects souvent extravagans qu'ils obtiennent ont été plus d'une fois décrits [1]. La domination et le prestige de la caste brâhmanique, on le peut affirmer sans exagération, sont la caractéristique la plus certaine de l'hindouisme [2]. Cette disposition est si forte que telle caste contre laquelle s'élèvent bien des préjugés, des rancunes et des mépris, est, malgré tout, entourée d'une considération durable, par la seule

---

1. Il suffit de renvoyer à l'abbé Dubois.
2. Ibbetson, p. 111-12. Outre qu'elles sont très rares, les exceptions se fondent généralement sur quelque motif défini. Le cas de ces Santals du Bengale qui, au temps de la famine se laissaient mourir de faim plutôt que de toucher aux mets préparés par des brâhmanes est un retour piquant des scrupules entretenus par l'enseignement orthodoxe.

raison qu'elle se montre plus fidèle aux pratiques des brâhmanes [1]. Si bas que soient certains groupes, quelque tache qu'imprime leur fréquentation aux brâhmanes qui consentent à officier pour eux, le concours que prêtent des brâhmanes à leurs cérémonies religieuses suffit à assurer à ceux qui l'obtiennent une supériorité manifeste sur ceux qui s'en passent. Le seul nom de brâhmane est un titre très éminent. Les sections mêmes que les brâhmanes de bonne souche méprisent le plus, comme les Joshis des Provinces du nord-ouest [2], sont, pour ce nom seul, profondément révérées par la grande masse de la population.

Ce respect pour les « dieux de la terre » ne se lie pas uniquement à leur caractère religieux ; il s'étend aux représentans de la classe auxquels ni leurs occupations, ni leur rôle ordinaire ne donneraient de ce chef aucun titre. Le respect proprement religieux se prodigue à toutes sortes d'ascètes et de docteurs dont un très grand nombre ne sont pas brâhmanes. Inversement, des sectes que leur croyance hétérodoxe devrait détacher aisément des brâhmanes et des préjugés de caste,

---

1. Ibbetson, § 532.
2. Nesfield, p. 68.
3. Ibbetson, p. 108, 112, 131. C'est en vertu de la même tendance que les jainas se parent du cordon sacré qui les range parmi les *dvijas*, Dubois, I, p. 15.

comme les Jainas [1], des musulmans même, continuent de témoigner aux brâhmanes une déférence prosternée ; elles veulent des brâhmanes pour prêtres de leur culte. A plus forte raison la prérogative brâhmanique plane-t-elle au-dessus des conflits sectaires entre Vishnouïtes et Çivaïtes. Les brâhmanes affectent volontiers de se montrer dédaigneux de ces divisions [2].

Parmi tant de complications confuses, il n'est pas aisé d'orienter rapidement et de haut les yeux qu'une expérience continue n'a pas préparés à ces rectifications spontanées telles qu'en comporte toute vue perspective. Cette esquisse est destinée à vieillir rapidement ; peut-être la situation qu'elle résume a-t-elle, dans les derniers temps, subi plus d'une atteinte. Si puissante que soit la force de conservation et d'inertie propre à l'Orient, l'organisation traditionnelle est attaquée par l'influence occidentale, par les notions, par les habitudes qu'elle patronne. Dans le choix de ses auxiliaires de tout genre, le gouvernement anglo-indien ne tient aucun compte de la caste ni de ses préjugés ; il ne s'inspire que des titres personnels. Armée et administration rapprochent des gens de toutes classes dans une intimité qui eût paru na-

1. Ibbetson, p. 112.
2. Dubois, I, p. 160.

guère intolérable. La coutume est battue en brèche et par les idées et par les faits.

Malgré leur superbe dédain pour les barbares, les Mlecchas, qu'ils considèrent théoriquement comme de véritables *outcasts*, il est difficile aux Hindous de se soustraire, pour leurs puissans maîtres, à une admiration craintive qui prête à ces soi-disans parias un singulier prestige. Les relations de tout genre avec ces barbares si supérieurs en civilisation, ne sont pas seulement fréquentes ; elles apparaissent, au fond, comme honorables et flatteuses. La vanité de l'imitation mine incessamment l'instinct traditionnel et ses scrupules. La viande envahit la table de bien des brâhmanes ; la souillure contractée par un voyage au delà des mers et par les infractions qu'il entraîne n'est plus guère prise au tragique. Sur tous les points la règle s'énerve, la coutume désarme, et de proche en proche, de petit groupe en petit groupe, l'évolution s'ébranle. En face de l'administration régulière et forte de l'Angleterre, la juridiction de la caste nécessairement s'atrophie ; elle perd à la fois en étendue, en précision, en autorité.

Cette décadence est attestée de toutes parts. Il ne faut pas exagérer les effets acquis ; la tendance et les conséquences prochaines ne s'en peuvent méconnaître. Il est temps d'étudier la caste, si on la veut saisir bien vivante et sur le fait. Sans doute cette infiltration des idées et de l'imitation européennes est fort extérieure ; sans doute elle ne pénètre pas encore bien avant dans les couches profondes de cette population immense et tenace. Mais c'est l'ébranlement des hautes castes qui pourra entrainer rapidement tout le système. Le prestige de la classe brâhmanique est pour toute l'organisation la pierrre angulaire. C'est par là que la complexité aboutit à quelque unité. Ce fouillis qui déconcerte est ramené à une sorte de consistance et d'harmonie par les observances brâhmaniques qu'il accepte, par la domination brâhmanique qu'il consacre.

Qu'est-ce à dire ? Cette unité est-elle primitive ? L'organisation brâhmanique des castes est-elle à la racine même du régime ou n'en marque-t-elle que la forme dernière ?

La question est capitale. Les longs détails qui précèdent ont pour but, — et c'est leur excuse, — d'en préparer l'examen.

II

LE PASSÉ

I. Le système brâhmanique des castes. Les Dharmaçâstras et l'Epopée. — II. Les Brâhmanas et les Hymnes védiques. — III. Caractère et origines du système. Classes et castes. — IV. Les origines d'après la légende. Les rivalités entre prêtres et nobles.

Le passé de la caste n'est intelligible qu'à la lumière du présent. On va en juger tout à l'heure. Car j'ai hâte d'arriver au double problème qui se pose pour nous :

Quelle a été la condition ancienne des castes hindoues dans les siècles historiques ?

Quelles sont enfin les sources de l'institution, s'il est possible d'y remonter à travers ces obscurités qui enveloppent tous les commencemens ?

I

Nous avons donc à démêler d'abord sous quel jour la tradition nous présente les castes. Après l'observation directe, les documens littéraires. Je n'entends ici donner de ce passé qu'une idée très sommaire. A bien définir la portée et le caractère des témoignages, la tâche reste assez délicate.

La vie sociale des Hindous est théoriquement réglée par des livres dont la paternité est attribuée à des sages plus ou moins légendaires, Manou, Yâjnavalkya, Vasishtha, bien d'autres encore. La place qu'ils accordent à l'organisation civile et à la répression criminelle a contribué, avec une traduction trop mécanique de leur titre sanscrit, à les faire désigner comme « Livres de lois » ou plus exactement « Livres de la loi », *dharmaçâstras*. Il ne faudrait pas y chercher des codes. Ils n'en ont ni l'origine, ni la forme, ni l'autorité. Nous sommes dans un pays où l'inspiration religieuse qui préside à l'organisation ancienne des sociétés a été moins qu'ailleurs supplantée par l'éclosion d'un régime séculier. C'est par la coutume religieuse qu'est réglée la société hindoue. Les Livres de lois sont essentiellement des recueils de préceptes religieux. En l'absence d'une législation véritable, et sous l'empire toujours grandissant des brâhmanes; ils ont fini par recevoir une sorte de sanction officielle et publique. Elle ne leur est échue que tardivement, non sans restrictions. C'est une évolution secondaire de leur histoire ; elle n'est nullement décisive pour leur caractère primitif.

Parallèlement, se déroule le courant de la tradition épique. Très archaïque par ses origines, plus moderne par sa rédaction, elle couvre toute une période encore assez mal déterminée mais certainement très vaste. De sa nature, elle relève d'une partie toute différente de la population. Cependant, dans son cadre immense, elle n'embrasse pas seulement des récits d'un accent héroïque ou légendaire ; elle s'est largement ouverte à l'enseignement doctrinal. Elle s'est d'ailleurs constituée à une époque où la suprématie des brâhmanes, l'autorité de leurs préceptes étaient, en tout genre, irrévocablement établies. Par sa rédaction, c'est aux brâhmanes, à leur sphère d'influence immédiate qu'elle remonte directement. On s'en aperçoit aux ressemblances nombreuses, souvent littérales, qu'elle offre avec les « Livres de lois », aux citations qu'elle leur emprunte en abondance, surtout au plus célèbre de tous, au code de Manou. Ainsi, quoique par son sujet qui est national, sinon par sa langue qui est savante, elle s'adresse à tout le peuple, quoiqu'elle emprunte sa matière centrale à la légende guerrière, l'épopée fait masse avec la tradition sacerdotale. Le champ en est si large, les récits si variés, qu'il n'a pu manquer de s'y glisser quelque inconsistance ; à tout prendre, les règles proclamées, le système reconnu, l'autorité prépondérante, sont bien les mêmes des deux côtés.

La part faite à des divergences légères, nous pouvons embrasser dans une seule vue, sans avoir à redouter aucune discordance essentielle, le tableau qui se déroule dans les deux séries de documens.

La théorie qui s'en dégage nous met sous les yeux une société répartie en castes sévèrement isolées, gouvernées par des règles très semblables à celles qui gouvernent l'usage vivant. Les occupations assignées à chaque caste sont distinguées et limitées. Le mariage est réglementé avec soin. Seule une femme de même caste peut assister son mari dans les rites de la famille et du sacrifice ; elle assure seule au fils un rang égal à celui du père. Né d'une femme de caste moins haute, le fils tombe dans la caste de sa mère ; sa situation dans le partage du bien paternel s'en trouve singulièrement amoindrie. Il faut donc que la première femme tout au moins soit de même caste que l'homme. Il est d'ailleurs interdit de se marier soit dans le *gotra* de son père, soit dans la parenté proche de sa mère. En ce qui concerne la nourriture, la distinction entre les aliments permis et réprouvés est détaillée avec un luxe encombrant ; l'usage des liqueurs fermentées est condamné comme un crime des plus inexpiables. Le seul regard d'un homme de basse caste suffit à polluer un repas, et ce n'est qu'en vertu de tolérances exceptionnelles qu'il est parfois permis de recevoir la nourriture de ses mains. Ses dons mêmes, — je crains, à vrai dire, que cette règle n'ait subi plus d'une entorse, — doivent être rigoureusement refusés par le brâhmane. Plusieurs des coutumes les plus particulières trouvent ici leur consécration : il est ordonné de marier les filles avant la puberté, interdit aux veuves de contracter un second mariage.

La sanction suprême est l'exclusion de la caste. Elle n'est point ordinairement sans appel ; tout un code d'expiations graduées permet à ceux qui les subissent de rentrer dans leur milieu social. Mais le nom même des fautes graves (*pâtaka*, « ce qui fait tomber », et *upapâtaha*) affirme bien que leur effet naturel est de faire déchoir ceux qui les commettent de la caste à laquelle leur naissance les assignait.

On le voit, la concordance est frappante avec les données que recueille l'observateur du présent. Il y a pourtant une différence capitale. Si un fait saute aux yeux dans la vie réelle de l'Inde, c'est le nombre énorme des castes, l'entre-croisement et le fouillis où elles se mêlent. Pour la théorie, il n'y a que quatre castes, *varnas* : les Brâhmanes, prêtres et savans ; les Kshatriyas, guerriers et nobles; les Vaiçyas, agriculteurs et marchands ; les Çûdras, classe servile, vouée à tous les bas offices. Les Brâhmanes n'ont d'autre devoir que d'étudier et d'enseigner le Véda, d'offrir des sacrifices, de faire et surtout d'accepter des dons ; aux Kshatriyas il appartient d'exercer le commandement, de protéger le peuple, d'offrir des sacrifices par le ministère des brâhmanes et d'étudier le Véda ; aux Vaiçyas, d'élever le bétail, de cultiver la terre, de commercer, de faire l'aumône, sans négliger les rites sacrés ni l'étude des écritures ; les Çûdras n'ont qu'une seule tâche essentielle : servir les castes supérieures. En dehors de ce cadre, il n'y a que des populations barbares ou méprisées, sans accès à la vie religieuse et sociale du monde brâhmanique, étrangers ou Mlecchas.

Que vaut en fait cette belle ordonnance ? C'est

toute l'autorité, tout le sens de la tradition que cette question met en cause.

Une observation d'abord. Malgré leur ton dogmatique, leur allure systématique, il n'est pas besoin de serrer de bien près les prescriptions pour s'apercevoir qu'une minutieuse recherche de détails très ténus y masque bien des incertitudes, bien des lacunes. L'impérieux exclusivisme du langage y dissimule la faiblesse de l'autorité et le relâchement de la pratique. Cela se voit ailleurs que dans l'Inde. Les sanctions y sont souvent flottantes, la précision toujours médiocre. Plus graves encore sont les contradictions ; directes ou implicites, elles abondent d'un passage à l'autre.

Le système ne comporte que quatre castes : il n'y en a pas de cinquième, nous assure-t-on. Et voici que, du mélange de ces castes, envisagé dans les diverses hypothèses imaginables, on fait sortir des castes nouvelles, les « castes mêlées », le degré de respectabilité assigné à chacune étant d'autant plus humble qu'elle suppose l'association d'une femme de caste plus haute avec un homme de caste plus infime. Ce n'est pas tout. Quoique issus d'un couple de même caste, des enfans peuvent déchoir, si l'on néglige les cérémonies obligatoires. Ils forment la classe des

Vrâtyas. Mais, suivant qu'ils sortent de Brâhmanes, de Kshatriyas ou de Vaiçyas, les Vrâtyas se ramifient, avec une symétrie qui décèle bien une ordonnance artificielle, juste en autant de castes distinctes. De toutes ces sections on nous donne les noms ; on nous renseigne sur les métiers qui conviennent à chacune. Ce ne sont pourtant là à coup sûr que des spécimens ; ces mélanges, ces complications en supposent bien d'autres ; un des recueils [1] a certainement raison de déclarer « innombrables » les sectionnemens qui prennent ainsi naissance.

Que nous voilà loin de la simplicité théorique !

Les quatre castes pourraient du moins paraître solidement enfermées dans la spécialité de leurs fonctions. Mais voici affluer les correctifs ! Chacune des castes supérieures est d'abord autorisée à embrasser le mode de vie propre à celle qui la suit dans l'ordre hiérarchique. Cette dérogation est limitée aux cas où la détresse l'impose. Qu'on ne s'y trompe pas, il ne s'agit nullement de cas de nécessité exceptionnelle, mais de faits parfaitement ordinaires ; ils sont simplement voilés, pour l'honneur du principe, d'un honnête prétexte, d'une réserve que l'on prétend faire survivre au

---

1. Vishnusmriti, XVI, 7.

naufrage de la théorie. Parcourons la liste des brâhmanes qu'elle répute indignes d'être conviés aux repas funèbres : voleurs, bouchers, serviteurs à gages, acteurs, chanteurs, entrepreneurs de tripots, à côté de beaucoup d'autres professions moins fâcheuses, figurent sur la liste comme des espèces fort communes. Il est visible que, dès lors, la variété du gagne-pain était parmi les brâhmanes aussi infinie qu'elle peut l'être de nos jours[1]. Et Manou fait acte de prudence en déclarant qu'un brâhmane doit toujours être considéré comme une grande divinité, « quel que soit le métier auquel il s'adonne[2] ».

Mais tous les brâhmanes exclus de la caste modèle devaient, comme aujourd'hui, être, au moins pour une large part, distribués en castes particulières. Manou semble n'en rien savoir. Il ne souffle mot de ces castes. C'est donc qu'il ne se pique pas de grouper les faits en un tableau fidèle. Il se borne à présenter le type de la caste brâhmanique dans son intégrité idéale.

Le mariage régulier ne se doit conclure qu'entre conjoints de même caste. Mais les règles promulguées pour certaines cérémonies du mariage, les éventualités envisagées pour les héritages, l'auto-

---

1. Hopkins, *Mutual relations of Castes*, p. 39, 52-3.
2. *Mânava Dh. Ç.*, IX. 319.

risation expresse d'épouser, au moins à titre secondaire, des femmes de castes inférieures, toute la théorie enfin des castes mêlées, constatent que la règle n'était pas appliquée avec la sévérité uniforme que supposerait la formule générale. L'interdiction même d'épouser une çûdrâ, qui, pour les brâhmanes et les kshatriyas, est répétée avec insistance, comporte visiblement bien des accommodemens. A plus forte raison en est-il de même des préceptes qui règlent la nourriture. Finalement, et sauf des réserves embarrassées, l'emploi de la viande elle-même est toléré. L'abstention des spiritueux, ordonnée ailleurs en termes si forts, n'apparait plus en certains passages que comme un simple conseil de perfection.

En dépit de l'autorité divine sous laquelle elle s'abrite, la tradition a des concessions bien compromettantes. Ses formules semblent absolues ; mais, en vingt endroits, elle nous avertit que la règle véritable réside dans la coutume, que c'est l'usage propre à chaque région, à chaque caste, qui fait loi ; c'est d'après cet usage qu'un roi soucieux de ses devoirs doit régler ses actes et ses arrêts[1]. Dans une large mesure, cela est vrai aujourd'hui encore. Il y a là un trait qui caractérise tout le passé de l'Inde : les connaisseurs les plus

1. *Ibid.*, VIII, 41.

expérimentés y ont justement insisté[1]. Il ne manque pas de textes, au dire desquels c'est à la pureté de la conduite que se reconnaît le plus sûrement une haute origine ; tant le mélange des castes a obscurci toutes les descendances[2] ! D'autres rejettent dans un âge antérieur et plus parfait du monde le temps où l'ordonnance des castes était exactement maintenue[3]. C'est reconnaître que les règles théoriques sont en fait étrangement élastiques.

Comme il fallait s'y attendre, la même impression se dégage de l'Épopée.

Les discordances sont ici précisément de même nature que dans les Livres de lois. Il en est d'intéressantes ; mais ce qui frappe surtout, c'est, dans les récits épiques, le nombre de cas où les faits contredisent la doctrine. On nous a préparés à la distinction stricte de toutes les professions ; et cependant toutes les castes prennent part au conflit armé[4] : Drona, quoique brâhmane, est un des principaux héros de la lutte, et, quoique fils de berger, Karna est un des chefs militaires les plus

---

1. V. N. Mandlik, *op. laud.*, p. 438.
2. *Mahâbhâr.*, Vanap. 12481, Çântip. 2440, cités par Muir, *Sanskrit Texts*, I, 134 ; 484.
3. *Mahâbhâr.*, Vanap. 11240, ap. Muir *ST.* I, 143.
4. Cf. Hopkins dans le *Journ. Amer. Orient. Soc.*, XIII, p. 220.

célèbres. Descendans d'une çûdrâ, Yajatra ni Vidura[1] n'en sont pas entourés d'un moindre prestige. Les alliances entre kshatriyas et brâhmanes, voire entre ces hauts personnages et les castes les plus humbles, y sont fréquentes[2]. On n'y voit guère que les jeunes nobles soient ordinairement astreints à l'éducation religieuse, qui pourtant est de précepte[3] ; on y voit moins encore que l'abstention de viande ou de liqueurs soit observée par les guerriers[4]. Et cependant la règle est connue ; plus d'une fois la réprobation théorique s'étale dans le conte même qui en atteste la violation[5]. Nous étonnerons-nous après cela de rencontrer des rois de toute caste[6], alors que Manou lui-même envisage comme possible, comme réel, le cas où un çûdra exerce le pouvoir[7] ?

L'Epopée est de sa nature trop étroitement solidaire de la classe noble pour ne pas attribuer volontiers au roi qui l'incarne la suprématie que les Livres de lois réservent jalousement au brâhmane[9]. Elle n'en est pas moins explicite à ses heures

---

1. *Ibid.*, p. 95.
2. P. 344.
3. P. 109.
4. P. 119, 120.
5. P. 120, 352-3.
6. P. 137.
7. *Mân. Dh. Ç.* IV, p. 61.
9. Hopkins, *loc. cit.* p. 73.

sur la grandeur incomparable de la classe sacerdotale¹. Voyez l'histoire de Matanga. Il se croit fils d'un brâhmane ; en réalité, il est le fruit d'une faute : c'est d'un çûdra que sa mère l'a conçu : il n'est au fond qu'un misérable *outcast*. Miraculeusement informé de sa disgrâce, il prétend à force d'austérités reconquérir cette dignité qui lui échappe. Mais en vain il peine pendant des siècles; en vain, pendant cent ans, il se tient dévotement en équilibre sur un pied ; Indra est ébranlé sur son trône, il accourt à lui, il lui prodigue les offres les plus séduisantes, et l'assure des plus singulières faveurs. Quant à la seule que le pénitent sollicite, impossible ! C'est par des milliers et des millions de naissances successives qu'il faut acheter l'ascension d'une caste à une caste supérieure. Râma n'hésite pas à trancher la tête d'un jeune çûdra dont le seul crime est de se livrer à des austérités religieuses qui sont théoriquement interdites à sa caste². Une pareille insolence menace de troubler tout l'équilibre de l'ordre public, tant est essentiel le maintien des prérogatives qui appartiennent en propre aux diverses castes !

En présence de témoignages anciens sur l'état

1. Voyez les passages cités par Muir, *ST*. I, p. 120 suiv.
2. *Ibid.*, p. 118-20.

social de l'Inde, notre recherche, soucieuse avant tout de rétablir l'enchaînement historique, incline d'abord à les prendre comme l'expression intégrale, sincère, d'une situation authentique. En avons-nous ici le droit ? Tradition épique ou enseignement sacerdotal, le système est identique des deux parts. Mais il n'est pas moins ici que là traversé d'incertitudes, de contradictions, qui sont autant d'aveux. Tout le dénonce comme artificiel et spéculatif. Il n'est pas le fondement légal des faits ; à tout moment, les faits le démentent, le contrarient ou le débordent. Il n'y prétend même pas ; il réserve expressément les droits supérieurs de la coutume. Il n'est enfin que la mise au point d'une situation de fait dont il se propose de réduire les incohérences et les complications, qu'il s'efforce de transposer en un type idéal.

L'explication des castes mêlées n'a jamais pu faire illusion à personne [1]. Des impossibilités flagrantes la jugent.

On était en présence d'une foule de groupes dont la multiplicité ruinait le principe exclusif des quatre castes. Il s'agissait d'en justifier l'existence. C'est du principe même qu'ils entamaient

---

1. Cf. Max Müller, *Chips*, II, p. 343.

qu'on s'avisa de les dériver. Le système même ne pouvait en bonne logique servir qu'une fois, pour expliquer la première origine de ces groupes. Encore le nombre des sections que l'on arrivait à interpréter ainsi était-il sûrement insuffisant ; les noms géographiques que portaient beaucoup d'entre elles démentaient d'abord la genèse qui leur était attribuée. Peu importait : l'esprit hindou, saisi par l'ivresse des classifications, n'est pas pour s'arrêter devant ces scrupules.

La réalité prêtait d'ailleurs un point d'appui à cette tentative : c'était le cas, sans doute souvent observé, où une section nouvelle sortait du groupement local de gens que leur naissance irrégulière excluait de la caste paternelle, reléguait à un échelon social inférieur. Sur cette base, avec la rigueur décevante dont le génie hindou est coutumier, on échafauda en affirmations absolues des hypothèses plus que suspectes. Elles avaient un double avantage : elles créaient une apparence de symétrie dont la séduction est toute-puissante sur les théoriciens de l'Inde ; elles faisaient sortir du principe posé à la racine de l'organisation sociale la confusion même qui semblait de nature à la compromettre.

Le penchant était si fort, qu'il se manifeste en plusieurs manières. N'est-ce pas Manou lui-même[1] qui représente comme des kshatriyas que des fautes diverses, — omission des rites, dédain des brâhmanes, — ont réduits à la condition de çûdras, les tribus des Paundrakas, des Codas, des Drâvidas, des Kâmbojas, des Yavanas, des Çakas, des Paradas, des Pahlavas, des Cînas, des Kirâtas, des Daradas, c'est-à-dire toutes les populations guerrières non hindoues de l'Inde ou de l'étranger, Dravidiens et Chinois, Perses et Grecs, Scythes et aborigènes ? Aucun lien d'origine ne les rattachait, bien entendu, à l'organisation brâhmanique ; il fallait cependant à tout prix les faire rentrer dans l'ordonnance préconçue !

La théorie des castes mélangées ouvre d'abord dans le système une brèche inquiétante. Mais que dire des quatre castes principales ?

On ne peut douter que la prétention de faire de tous les çûdras un simple ramassis d'esclaves ne soit purement arbitraire. Elle est infirmée par la situation même que, du point de vue civil, des textes parallèles leur assignent. Peut-on croire que les trois castes supérieures aient jamais formé ces unités fermées, compactes, réglées, dont on évoque l'image ? La caste brâhmanique poursuit ses destinées sous nos yeux. Dans quelles conditions ? nous l'avons vu, non pas comme une caste vérita-

1. X, 43-4.

ble, mais comme une agglomération de castes innombrables, inégales en droits, en rang social, et séparées à cet égard par des distances énormes. Que l'on se rappelle les longues listes de brâhmanes dégradés et déchus qu'énumère la tradition. Il n'en était donc pas autrement du temps où furent rédigés les Livres de lois. Quant aux kshatriyas et aux vaiçyas, c'est à peine si leur nom même a survécu dans quelques traces ; elles sont aussi suspectes que rares. Là où il paraît, le nom a pu être repris à la tradition à des époques récentes, — nous en avons des exemples avérés, — pour servir les prétentions arbitraires de tel ou tel groupe. Comme castes séparées, authentiques, on ne les saisit nulle part. Nous n'y pouvons voir encore que des noms génériques, un cadre très vaste destiné à embrasser, à dissimuler un fractionnement réel infini.

J'ai eu occasion naguère de montrer[1] à propos du théâtre, comment les Hindous procèdent pour établir des enseignemens théoriques. Goût des classifications et dédain des faits, insouci de notre sens logique et respect superstitieux des formules, tout conspire chez eux, avec la tyrannie de l'esprit scolastique, avec la domination incontestée d'une classe sacerdotale, pour hâter l'éclosion des sys-

1. Revue des Deux Mondes, mai 1891.

tèmes, pour prêter aux plus artificiels un prestige très immérité. Ce qui est vrai pour la littérature ne l'est pas moins pour la religion et pour les lois. Et nous ne devons pas nous scandaliser dans l'Inde d'une vue qui pourrait ailleurs passer pour téméraire. L'Hindou n'hésite jamais à généraliser, sans s'inquiéter des limitations même les plus indispensables à nos yeux.

Un exemple entre cent.

Il y a quatre situations pour le brâhmane fidèle aux devoirs de sa caste. Il faut qu'il étudie, comme novice, les écritures et les règles du sacrifice ; plus tard il se marie et fait souche de fils qui continueront la tradition des cérémonies familiales. Il en est qui se retirent dans la solitude pour s'y livrer à une vie d'austérités. Il en est qui, plus détachés encore de la terre, se font ascètes mendians. Sous la main des théoriciens, ces quatre conditions deviennent les étapes régulières et, s'il se fallait fier aux apparences, obligatoires, de la carrière d'un brâhmane. Prendrons-nous cette exigence au sérieux ? Nous serions loin de compte si, d'après les textes, nous nous figurions tous les brâhmanes uniquement adonnés à l'étude et à la pénitence, partageant leur carrière en quatre périodes et consacrant les deux dernières à la vie d'ermite et à la profession de fakir errant ! Les rédacteurs des livres ont simplement soudé en un système des faits isolés, plus ou moins exceptionnels, prêté un aspect impératif à ce qui n'était qu'un idéal de perfection rarement réalisé. Ne voit-on pas tel théoricien littéraire créer une catégorie dramatique pour une seule pièce [1], et généraliser un cas si particulier en un précepte universel ?

Ces législateurs religieux et moralistes obéissaient donc à un penchant naturel très puissant sur l'esprit hindou. Ils obéissaient aussi, plus ou moins sciemment, il n'importe, à une tendance personnelle, intéressée, dont l'action partout apparente achève d'enlever à leur œuvre l'autorité d'un document sincère. Avant tout, ils se proposent de consacrer la suprématie absolue des brâhmanes. Tout chez eux est rapporté à cette glorification, tendu vers cet intérêt. Sortis de leurs écoles, les livres sont calculés pour exalter leur pouvoir, fortifier leur prééminence. Maîtres exclusifs de la littérature, ce sont eux aussi qui ont donné leur forme aux traditions épiques ; il est naturel que, malgré des dissonances accidentelles, elles reflètent, avec autant d'insistance que la littérature sacerdotale elle-même, les prétentions des brâh-

---

1. Revue des Deux Mondes, art. cité, p. 93 suiv.

manes, qu'elles signalent avec une emphase égale les privilèges qu'ils revendiquent.

Non seulement les Livres de lois réservent aux brâhmanes toutes les fonctions influentes, toutes les faveurs ; l'échelle de la répression criminelle est invariablement graduée à leur profit. On a vu comment le Conseil représentatif ou l'Assemblée générale de la caste, sous la direction de son chef attitré, a mission d'exercer la police intérieure, de prononcer les exclusions nécessaires ou de régler les termes de la composition au prix de laquelle le délinquant pourra y échapper. Manou et Yâjnavalkya ne parlent à cet égard que de réunions de brâhmanes versés dans les saintes lettres [1]. La préoccupation d'étendre le pouvoir brâhmanique est ici sensible ; et aussi bien, même de nos jours, un brâhmane, seul ou adjoint au Conseil de la caste, prend souvent dans ces décisions la part prépondérante. L'ambition brâhmanique pénètre et inspire cette littérature tout entière. Il peut être malaisé de marquer dans le détail jusqu'où va l'arbitraire ; il est certain qu'il colore plus d'une partie du tableau, qu'il fausse plusieurs des ressorts de l'organisation sociale telle qu'elle nous

---

1. Sur ces *parishads* cf. Hopkins, *Mutual Relat. of castes*, p. 43, suiv. ; V. N. Mandlik, *Vyavah. Mayûkha*, p. 160, note.

est esquissée ; et l'on voit quelles réserves appelle le témoignage de la tradition littéraire.

Des faits actuels elle semble ainsi tour à tour et se rapprocher et s'éloigner singulièrement. Tout s'y comprend sans peine, — les contradictions se résolvent en diversités locales, les symétries impossibles en essais d'explications systématiques, — si l'on admet qu'elle correspond à une situation réelle absolument analogue à celle qui existait hier encore. Cette situation est seulement présentée dans une perspective trompeuse, avec des généralisations, des corrections, des interprétations, telles qu'en pouvait inspirer soit le tour d'esprit propre aux Hindous soit la préoccupation souveraine des intérêts brâhmaniques.

Je dis analogue, je n'oserais dire identique. Si un fait ressort clairement du spectacle des castes, c'est, sous l'action continue de principes assez stables, la mobilité des formations. Ce fait n'est sûrement pas nouveau ; les causes qui le produisent sont en jeu depuis de longs siècles. La situation ancienne qui correspond à la rédaction des Livres de lois et de l'Épopée a donc pu dans le détail s'écarter plus ou moins des données actuelles. Les grandes lignes en étaient toutes semblables. Il faut seulement, dans l'organisation des castes comme ailleurs, réserver la possibilité, la vraisemblance de modifications telles que le temps ne manque jamais d'en introduire dans les institutions humaines [1], même après cette première et décisive évolution qui a constitué leur individualité.

En somme, ce n'est pas la théorie qui peut rendre compte des faits : ce sont les faits qui aident à voir la théorie sous son jour vrai, à la ramener dans ses justes limites.

---

1. On a volontiers admis (par exemple H. Mayne, *Hindu Law and Usage*, p. 67-8, 79-80) que les restrictions qui interdisent le mariage d'une caste à l'autre auraient été jadis moins strictes, que, d'une façon générale, les règles des castes et leur séparation auraient été s'accentuant dans le sens de l'exclusivisme. La fixation et l'autorité grandissante des dharmaçâstras expliqueraient assez qu'une pratique plus rigoureuse et plus uniforme ait sans cesse tendu à se répandre. A coup sûr nos sources sont loin de nous permettre de préciser à cet égard, dans la période historique et documentée, les étapes d'une évolution décisive.

II

Les Livres de lois et l'Épopée correspondent à une époque où le monde hindou est définitivement constitué. Ils reposent sur une double assise de productions plus anciennes : une couche de littérature sacerdotale, et, au-dessous encore, le trésor des hymnes védiques, ce recueil que, dans l'usage occidental, moins large que la terminologie hindoue, nous appelons spécialement le Véda.

Il nous faut remonter jusque-là.

De vieille date, les enseignemens propres aux écoles sacerdotales ont été condensés dans des sortes d'aphorismes appelés *Soûtras*. Nous en possédons de nombreuses collections. C'est à cette source qu'ont puisé les Livres de lois. Chacun, en dernière analyse se rattache plus ou moins directement à telle ou telle de ces écoles. Cette littérature technique couronne elle-même une longue élaboration que représentent les *Brâhmanas*, les témoins les plus reculés de la réflexion religieuse appliquée aux opérations du sacrifice. Livres singuliers où, au hasard des cérémonies successivement décrites, se coudoient les jeux étymologiques les plus hasardeux et un mysticisme pénétrant, des déductions enfantines et de hardies spéculations. Nulle part ils ne traitent de parti pris le sujet qui nous occupe. On n'y peut rencontrer que des indications accidentelles. Elles n'en ont que plus de prix, étant en somme assez clairsemées.

Suivant un connaisseur éminent, M. Weber, « l'organisation des castes est, dès cette période des brâhmanas, en pleine floraison ; dès lors, nous nous trouvons en présence de la même situation qui nous apparaît, idéalisée et codifiée, dans les lois de Manou[1] ». A défaut d'exposés complets, les allusions, les informations fragmentaires ne permettent pas d'en douter.

Les quatre castes y apparaissent installées déjà dans leur séparation et dans leurs privilèges respectifs ; les droits et les devoirs des brâhmanes, en particulier, concordent absolument avec les descriptions plus modernes[2] ; la pureté nécessaire de la race leur est dûment inculquée[3]. Les membres des trois hautes castes sont tenus d'épouser une première femme de rang égal, sans préjudi-

---

1. A. Weber, *Indische Studien*, X, 2.
2. *Ibid.*, p. 11 suiv.
3. P. 69.

ce bien entendu, d'autres unions secondaires [1]. La caste se perd par la négligence persistante de l'initiation [2] ; elle se perdrait par beaucoup d'autres fautes, si des expiations graduées ne permettaient d'échapper à cette pénalité suprême [3]. Tout commerce est interdit avec les exclus, *patitas* (tombés) [4] ; aucune union avec eux n'est admise ; nulle nourriture ne se peut accepter de leurs mains. La préoccupation des contacts impurs est toujours présente ; on ne mange pas avec des gens de basse origine [5], on ne peut se servir des vases des çûdras [6], et un brâhmane ne peut être médecin [7], à cause des souillures que la profession rend inévitables. L'usage des liqueurs est désapprouvé [8] ; l'usage de la viande est, au moins dans certains cas, interdit ; la chair de divers animaux, proscrite [9]. Les castes mêlées elles-mêmes, le fait sinon la théorie, ont ici leur place. Bon nombre sont nommément énumérées [10].

1. P. 21.
2. Même page.
3. P. 101 suiv.
4. P. 21.
5. P. 74.
6. P. 16 note.
7. P. 64.
8. P. 62.
9. P. 62, 63-4.
10. Dans l'invocation célèbre du Çatarudrīya. Cf. *Indische Stud.*, II, p. 32 suiv.

Si les règles souffrent de nombreux tempéramens, cela n'implique nullement qu'elles soient en voie de formation. De nos jours encore, si nous prétendions réduire la coutume en formules générales, nous serions amenés à une foule de réserves pareilles. Sachons démêler le sens de ces incertitudes, de ces contradictions. Elles relèvent, suivant les cas, d'explications diverses.

A prendre à la lettre certains passages, il semblerait que la dignité de brâhmane fût alors le prix du savoir et de la vertu, plus que le privilège du sang [1]. Mais une expérience que vérifie toute la littérature postérieure nous enseigne ce que signifie ce langage : ce n'est rien qu'un détour pour glorifier la vertu et le savoir supposés des prêtres ; il n'emporte en aucune façon l'oubli des droits que crée seule la naissance. Il se pourrait, en un sens, justifier littéralement : la négligence des obligations religieuses, dont l'ignorance ou le vice peuvent devenir la source, suffit à faire déchoir de la caste.

Si, pour les brâhmanes, les expiations sont ici rendues, en nombre de cas, singulièrement douces, faut-il en conclure qu'on n'attachait que peu de prix aux prérogatives dont elles étaient desti-

---

1. Weber, loc. laud., p. 70-1.

nées à restituer l'intégrité ? Je le crois d'autant moins que, aujourd'hui encore, les purifications et les amendes sont souvent, nous l'avons vu, fort légères. Que l'on songe d'ailleurs à cette glorification passionnée de la grandeur des brâhmanes qui s'étale partout ici [1], à l'exagération absurde des honoraires qui sont réclamés pour leur intervention dans les sacrifices et qui se montent jusqu'à des centaines de milliers de vaches [2], au sang-froid avec lequel on déclare que le devoir d'un arbitre est, en face d'un adversaire plus humble, de donner toujours raison à un brâhmane, quels que soient ses torts ! Comment les auteurs ou rédacteurs de ces livres, tous brâhmanes, auraient-ils marchandé aux brâhmanes les facilités soit pour tourner ou limiter des obligations pénibles, soit pour expier leurs fautes ? Cette indulgence même prouve de quel prestige ils étaient dès lors investis.

Nul doute, cette littérature repose déjà sur le terrain que révèlent les Livres de lois ou l'Épopée. C'est s'aveugler à plaisir que d'y chercher un témoin contemporain de la formation du régime. Mais, par ses exagérations, par l'inspiration si exclusive dont elle est pénétrée, elle montre plus

1. P. 35 suiv.
2. P. 52 suiv.

clairement encore à l'œuvre les inclinations, les intérêts, les travers d'où est sorti, non le régime lui-même, mais le système qui lui a donné sa forme dogmatique. Elle en dénonce, elle en précise le caractère artificiel et spéculatif. Or, par ses racines au moins, elle touche aux couches littéraires les plus primitives ; parmi les Hymnes védiques, plusieurs sont, à n'en pas douter, contemporains de l'époque où elle-même s'élaborait sous la main des prêtres.

Un de ces hymnes passe pour le document le plus ancien qui atteste explicitement dans l'Inde l'existence des castes. C'est celui qui décrit comment l'univers sort tout entier de la substance du Mâle primitif, Purusha. Le texte déclare que « le Brâhmane était sa bouche, le Râjanya (*Kshatriya*) ses bras, le Vaiçya ses cuisses », que « de ses pieds naquit le Çûdra ». De l'aveu de tous, ce morceau est parmi les plus récens de la collection vénérable où il a pris rang. Il a pourtant bénéficié en quelque mesure du prestige qui s'attache à l'ensemble. On s'est d'autre part, pour apprécier, pour commenter le témoignage, inspiré de cette idée préconçue que l'existence des castes devait se manifester sous la forme des quatre castes du système développé ; rien à mon sens de plus fragile.

Un exemple va me faire comprendre. Haug,[1] et après lui, avec plus de précision, M. Kern,[2] ont cherché à démontrer, contrairement à l'opinion la plus commune,[3] que les castes non seulement auraient été parfaitement connues à l'époque védique, mais qu'elles remonteraient plus haut, jusqu'au temps où les ancêtres des Iraniens et ceux des Hindous vivaient côte à côte. Quel argument invoquent-ils ? Ils s'appuient, soit sur les textes de l'Avesta, soit sur les témoignages plus récens qui montrent l'ancienne population de l'Iran partagée en quatre *pishtras*, analogues aux quatre *varnas* de l'Inde. L'existence des castes n'est nullement attestée dans l'histoire de la Perse. Mais la notion de caste est, dans l'esprit de MM. Kern et Haug, si indissolublement liée à la quadruple division en Brâhmanes, Kshatriyas, Vaiçyas et Çoûdras, que, à en découvrir l'équivalent dans une région apparentée, ils concluent sans hésitation que le régime des castes a dû exister parallèlement dans les deux milieux ! J'estime, et j'y vais revenir, que M. Kern est parfaitement fondé

---

1. *Brahma und die Brahmanen*, dans les Mémoires de l'Académie de Munich.

2. *Indische theor. ove de Standenverdeeling*, dans les Mémoires de l'Académie d'Amsterdam, 1871, p. 24 suiv.

3. On trouvera un résumé de la Controverse sur l'existence védique de Castes dans Zimmer, *Altind. Leben*, p. 185 suiv.

à rapprocher les deux séries ; j'admets volontiers qu'elles ont, entre elles, plus qu'une ressemblance extérieure, une affinité intime ; mais, malgré la fusion qui s'est opérée dans l'Inde entre ce quadruple fractionnement et le système des castes, rien ne prouve que la connexité soit originelle, nécessaire, qu'ils s'emportent l'un l'autre.

Je dois m'en expliquer.

La doctrine officielle n'admet que quatre castes ; la réalité fait éclater ce cadre trop étroit : elle en montre un nombre infini. Et c'est là que réside, entre la théorie et les faits, une opposition capitale, la seule à vrai dire, qui ne soit pas aisément réductible. Peut-on arguer de la différence des temps ? Mais la théorie, nous venons de le voir, par plus d'un indice, par les contradictions mêmes où elle s'engage, constate et avoue que, de vieille date, les castes ont été bien autrement nombreuses qu'elle ne paraît d'abord le supposer. J'ai dit combien il est douteux qu'une caste de Kshatriyas et de Vaiçyas ait jamais réellement existé. On sent de reste combien des catégories si vastes sont peu compatibles avec les règles mêmes, avec cet exclusivisme jaloux, cette organisation corporative et autonome qui caractérisent la caste vivante.

Les millions d'hommes qui dans l'Inde revendiquent le titre de brâhmanes, et sont, en un sens, unifiés par ce nom, sont en réalité partagés en une foule de sections parfaitement distinctes, dont chacune possède les caractères et les organes qui définissent la caste. Nous parlons couramment de la caste brâhmanique ; c'est *les castes brâhmaniques* qu'il faudrait dire. Nous enveloppons dans un seul terme générique des castes multiples qui ont chacune leur individualité. Les aveux de Manou à propos des brâhmanes dégradés prouvent qu'il faisait exactement de même. Alors comme aujourd'hui, le nom de brâhmanes ne les embrassait que comme un titre honorifique commun. Le Mahâbhârata déclare quelque part[1] que le fils d'un brâhmane est brâhmane, de quelque origine que puisse être sa mère. La contradiction avec les règles de Manou n'est pas nécessairement si irréductible qu'elle semble d'abord : quoi que prétende la théorie, on peut rester brâhmane tout en changeant de caste.

Regardons autour de nous. Les Râjpouts d'aujourd'hui, les clans militaires de l'Inde occidentale, ont la prétention de correspondre, — ils correspondent par le rang et la profession, — aux Kshatriyas du système. Est-ce à dire qu'ils

---

1. Anuçâsanap., 2515, cité par Kern, *loc. laud.*, p. 42.

ne forment qu'une seule caste, ou qu'ils ne soient que le morcellement progressif d'une caste unique ? Nous avons constaté au contraire que, jusque sous nos yeux, des castes qui n'y ont aucun titre s'arrogent tel nom qui représente pour elles un avantage social. Pourquoi le cas serait-il nouveau ?

Nous touchons ici du doigt la situation vraie : les noms de Brâhmanes, de Kshatriyas de Vaiçyas, de Çûdras, représentent, non pas quatre « castes » primitives, mais quatre « classes ». Ces classes peuvent être fort anciennes. C'est seulement par la suite qu'elles ont été superposées aux castes. Différentes de nature et d'origine, les vraies castes ou les organismes dont elles sont issues étaient, dès le début, bien plus fractionnées et bien plus nombreuses.

Seule, cette explication rend compte de la discordance qui éclate entre la théorie et les faits.

C'est ici que la comparaison des textes iraniens prend tout son prix. Entre les quatre *pishtras* iraniens et les quatre *varnas* hindous, la symétrie est tout à fait significative[1] : les Athravas ou prêtres correspondant aux Brâhmanes, les Rathaesthas ou guerriers aux Kshatriyas, les Vâs-

---

1 Cf. encore Ludwig, *Rig Veda*, III, p. 243-4.

triyas-Fshouyants ou chefs de famille, aux Vaiçyas, les Hûitis ou ouvriers manuels aux Çûdras. La ressemblance générale est frappante. Elle rejette dans l'ombre quelques différences douteuses. Les Vaiçyas sont, dans la tradition brâhmanique, réputés surtout agriculteurs et marchands ; mais justement la littérature bouddhique, en les appelant d'ordinaire *grihapatis*[1] ou « maîtres de maison », les rapproche rigoureusement de l'interprétation donnée pour la catégorie iranienne. La classe des Hûitis n'est pas décrite avec une précision qui permette d'instituer avec les Çûdras des comparaisons décisives ; la façon même dont elle est, comme souvent celle des Çûdras, laissée de côté, isolée par conséquent des trois premières, crée entre les deux, toutes deux présentées comme des classes religieusement et socialement inférieures, un lien de plus et non des moins forts. De part et d'autre, l'entrée définitive de l'individu dans la communauté des classes supérieures est marquée par une cérémonie identique, par l'investiture du cordon sacré[2]. La correspondance est donc parfaite.

1. Pour citer un seul exemple, cf. *Majjh. Nikâya*, éd. Trenckner, I, 85, 30 suiv.
2. Spiegel, III, p. 700. Il est très probable que, dans l'Iran comme dans l'Inde, elle était réservée aux trois premières classes ; la quatrième paraît n'avoir joui que de droits in-

Ce qui a été contesté et contesté très justement, c'est que les pishtras de l'Iran aient constitué des castes¹. Quant à décider s'il n'a pas existé dans l'Iran des germes d'où la caste aurait pu sortir, les germes d'où elle est sortie dans l'Inde, c'est une autre affaire. En tous cas, les quatre pishtras de l'Avesta ne représentent que des *classes.* Il n'en est pas autrement, à l'origine, de la quadruple division hindoue. Si de part et d'autre le sectionnement concorde, c'est qu'il remonte à une date reculée ; si les castes se sont développées dans l'Inde seule, c'est qu'il n'est point lié de sa nature et indissolublement avec le régime des castes.

Je sais qu'on cherche à accommoder les choses ; on admet que l'émiettement actuel résulte de la désorganisation lente d'une stricte unité primitive. Les impossibilités sautent aux yeux. C'est du reste un point où je dois revenir en énumérant les systèmes divers par lesquels on a cherché à rendre compte des origines. Quant à présent,

---

complets et avoir été rejetée dans une condition inférieure, Geiger, p. 479 suiv. Ce qui pourrait sembler plus douteux, bien que Spiegel l'admette sans hésitation (III, p. 548-9), c'est de savoir si les Hûitis étaient réellement compris parmi les fidèles du Zoroastrisme auxquels l'investiture devait être conférée.

1. Spiegel, *Eran. Allerthumsk.*, II, p. 551 suiv. Geiger, *Ostiran. Cultur*, p. 485.

je me confine dans les élémens d'information que fournit la tradition littéraire. Il nous faut sonder les indices que, dans ses monuments les plus anciens, elle livre à notre recherche.

III

Les quatre castes ne sont pas, je viens de l'indiquer, dans les sources hindoues, simplement coordonnées. Elles se résolvent en deux groupes : l'un est composé des trois plus hautes, l'autre comprend la quatrième seule.

Le premier embrasse les *âryas* ou, d'un autre nom, les *dvijas*, les hommes dont la naissance naturelle se double de la renaissance religieuse que confère l'initiation. Exclus de cette sorte de sacrement, les Çûdras n'ont point de part à la science et aux écritures sacrées, auxquelles il sert d'indispensable introduction, point de part directe aux sacrifices, ni à aucune des cérémonies qui sont destinées à sanctifier, dans ses phases diverses, la vie des castes supérieures. Tout au plus sont-ils admis à célébrer certains rites inférieurs ; par là seulement ils restent enveloppés, encore qu'à un degré très humble, dans l'organisation commune. L'initiation est la porte par où l'on entre dans la grande famille âryenne ; comme le dit expressément Manou, tant qu'il n'a point passé par cette seconde naissance, l'Arya lui-même n'est pas supérieur au Çûdra. La division est donc essentielle. Elle est religieuse, non pas simplement sociale. Un mort des trois hautes castes, porté par un çûdra, ne pourrait entrer au ciel [1]. La formule la plus forte pour condamner certaines fautes chez les brâhmanes, c'est de proclamer qu'elles font d'eux des çûdras [2], c'est-à-dire des *outcasts*. Manou déclare que, pour le çûdra, il n'y a pas de péché grave, *pâtaka* [3]. Il n'y a pas en effet pour lui de fautes entraînant la déchéance : il n'a point d'accès à ces hauteurs d'où l'on peut tomber.

Une distinction si tranchée ne peut guère, à l'époque où nous transportent ces recherches, manquer de correspondre à une scission nationale. Nous ne saurions discerner si la population comprise sous la dénomination de çûdras était uniquement composée de ces élémens aborigènes que rencontrèrent les Aryens en immigrant du Nord-Ouest dans l'Inde, ou si elle englobait des élémens mélangés. Le point est secondaire. D'Aryas à Çûdras, il y a certainement à l'origine une opposition de race, qu'elle soit plus ou moins absolue. Le métissage inévitable entre vainqueurs et

1. *Mânava Dh. Ç.*, V, 104.
2. *Baudhâyana Dh. S.*, II, 3, 6, 32.
3. X, 126.

vaincus, entre envahisseurs et autochthones, a pu diminuer la distance et réduire l'antinomie ; il n'en a jamais effacé le souvenir.

Veut-on juger de l'excès d'hostilité et de mépris avec lequel le çûdra était considéré ? Un texte [1] met sur la même ligne le meurtre d'un çûdra et la destruction d'un caméléon, d'un paon, d'une grenouille ; un brâhmane novice a le droit de prendre sans plus de façon à un çûdra ce dont il a besoin pour payer les honoraires de son maître [2] ; les châtimens les plus terribles frappent le çûdra qui, même dans les rapports extérieurs, ne garderait pas sa distance vis à vis d'un homme des trois castes âryennes.

L'antithèse entre *çûdra* et *ârya* — ârya embrassant les trois hautes castes — est consacrée dans la littérature des Brâhmanas [3]. Une foule d'indices trahissent entre les deux termes, non pas une simple inégalité de rang, mais la lutte autrement profonde de deux traditions religieuses. Les hymnes védiques nous montrent cette lutte en pleine action.

Le mot *varna*, — littéralement *couleur*, — passe pour être en sanscrit le nom de la *caste*.

---

1. *Apastamba Dh. S.*, I, 25, 13.
2. *Ibid.*, I, 7, 20, 21.
3. *Ind. Stud.*, X, p. 4 suiv.

J'aurai, à cet égard, des réserves à marquer. Il est certain du moins qu'il sert régulièrement à désigner les quatre castes théoriques. Cette acception n'est pas connue du Véda. Le mot y est en revanche employé dans deux locutions qui s'opposent : *ârya varna* et *dâsa varna*, la « race âryenne » et la « race ennemie [1] ». Elles y ont des synonymes encore plus transparens, tels que la *peau noire*, les *hommes noirs*. La littérature plus moderne continue d'opposer parfois la *race noire (krishna varna)* aux bràhmanes [2]. Cette antithèse est donc le prototype, parfaitement équivalent, de celle qui plus tard s'exprime par *ârya* et *çûdra*, *ârya varna* et *çaudra varna* [3].

Par quelque évolution qu'en ait pu ensuite passer l'usage, le mot *varna* a donc été employé d'abord pour distinguer deux populations différentes et ennemies, caractérisées l'une par la blancheur au moins relative, l'autre par la noirceur de sa peau. Si les « varnas âryens » désignent dans la littérature postérieure les trois castes réputées de souche âryenne, l'expression a primitivement été consacrée au singulier : le « varna âryen » a dé-

1. Zimmer, *Altind. Leben*, p. 113-4.
2. *Apast. Dh. S.*, I, 28, 11.
3. *Çatap. Bràhm.*, XIV, 4, 2, 26, cité *Ind. Stud.*, X, p. 10. *Arya varna* et *dâsa varna* se retrouvent dans le Çânkhâyana brâhmana, cité *Ind. Stud.*, X, p. 4 note.

signé collectivement toute la race claire des envahisseurs.

Il est donc certain que la terminologie du système repose sur un passé différent. Elle enveloppe dans son réseau et façonne à sa convenance des divisions qui, d'origine, correspondent à des notions tout autres, des termes qu'elle a détournés de leur portée première. Retenons l'avertissement.

Quelque idée que l'on se fasse de l'état des choses à l'époque védique, il est incontestable que les hymnes distinguent, dans la population âryenne, trois grandes catégories : les prêtres, les chefs et le peuple ; les prêtres, que, sous des titres variés, nous retrouvons sans cesse occupés aux œuvres du sacrifice et à la composition des chants qui l'accompagnent, — les chefs, que nous suivons dans les combats et dans les assemblées, — le peuple toujours désigné par un pluriel qui le plus souvent nous montre les « clans » qui le composent entourant les chefs à la guerre.

Que, dès lors, les fonctions sacerdotales aient été solidement organisées, protégées contre des intrusions trop faciles, leur complication même nous en est garante ; que, comme partout, le pouvoir royal ou, d'une façon plus générale, la dignité des nobles ait eu une tendance marquée à se fixer par une hérédité plus ou moins rigoureuse, le fait est universel. Mais il faut assurément une forte prévention, le parti pris de retrouver dans le passé les enseignements du système brâhmanique, pour découvrir, dans cette triple classification, des castes au sens strict du mot, telles que les suppose la doctrine ou l'usage plus moderne. Aucun des caractères qui font la caste n'est expressément mentionné.

Les trois termes sont parfois rapprochés[1] ; ils embrassent visiblement tout l'ensemble du peuple âryen. Un vers[2] assure que « les *viças* (les clans) s'inclinent spontanément devant le chef (*râjan*) que précède un brâhmane (*brahman*) », c'est-à-dire, pour parler le langage technique, devant le roi qui a un *purohita* ou prêtre domestique. Tout en constatant que les prétentions du pouvoir sacerdotal sont déjà établies, il présente la situation sous son vrai jour : le roi et le prêtre, dans la fonction qui leur est propre, mis en regard du peuple entier. Nous sommes en présence de classes plus ou moins fermées et jalouses, non pas de castes.

On ne peut cependant méconnaître que cette triple division corresponde exactement aux trois

1. RV. VIII, 35, 16-18.
2. RV. IV, 49, 8.

premières castes de la théorie brâhmanique. Comment expliquer la chose ?

Des noms que portent les trois castes, *brâhmana* se trouve seul dans les hymnes (en faisant, comme il convient, abstraction de l'hymne à Purusha dont j'ai parlé plus haut et qui suppose achevé ce système dont nous voulons sonder les origines). Encore y est-il rare. Le primitif *brahman* est fréquent ; au neutre, c'est le terme consacré pour embrasser l'ensemble des fonctions sacerdotales. Des deux titres qui dans la suite désignent les guerriers, *kshatriya*, qui, comme épithète exprimant la puissance, accompagne à plusieurs reprises le nom de certains dieux, n'est appliqué à des chefs qu'une ou deux fois, dans des passages suspects d'appartenir à une époque récente, *râjanya* est inconnu. En revanche, le simple *râjan* est le titre courant des nobles ; le thème *kshatra* résume l'idée de la puissance royale. Le nom des *vaiçyas* est étranger aux hymnes ; le primitif *viç* est, au pluriel, le nom invariable de ces « clans » qui constituent la masse de la nation. La trinité *brahma*, *kshatra* et *viç*, embrassant toute la population âryenne, ne se rencontre pas seulement dans le Véda. Dans la littérature postérieure des brâhmanas, elle reste consacrée[1].

---

1. Cf. *Ind. Stud.*, X. p. 18-9, 27.

Elle se répète, avec une insistance qui témoigne d'une origine ancienne et respectée, dans les livres mêmes qui connaissent et emploient à l'occasion les termes définitifs : *Brâhmana, Kshatriya, Vaiçya.*

Ces termes, il est visible, je pense, qu'ils sont une dérivation de la formule ancienne, une dérivation technique et savante. Le régime auquel ils sont associés n'est pas le simple prolongement spontané, organique, de la situation que reflète le Véda ; comme les mots dans lesquels il s'incarne, il représente un système réfléchi, adapté à des conditions ou entièrement nouvelles ou au moins très différentes de celles d'où découlait la triple division primitive.

C'est retourner la relation vraie que d'interpréter les témoignages védiques par la théorie brâhmanique d'un âge plus récent.

Au-dessous des tribus âryennes et affrontés comme des adversaires constans, les hymnes ne connaissent que le *dâsa varna*, la population ennemie, qu'ils appellent aussi *Dasyus*. Les Çûdras leur sont inconnus. Le nom des *Dasyus* a au contraire été repris par la littérature et affecté aux couches les plus basses de la population, à celles qui, n'ayant aucune place régulière dans les cadres brâhmaniques, sont quelquefois, et jusqu'à l'heure actuelle, désignés comme *outcasts*. Ou il n'existait à l'époque védique aucune couche de population correspondant aux Çûdras, à la fois exclue de la communauté âryenne et rattachée à elle par certains liens assez lâches pour assurer sa dépendance sans compromission fâcheuse ; ou, si elle existait, les poètes dont les chants nous sont parvenus n'ont pris aucun souci de lui assigner une place à part, en dehors de la masse des Dasyus. Preuve nouvelle que le système est tout autre chose que le développement normal de la situation védique.

Que les Viças du Véda n'aient point circonscrit une caste, qu'elles englobent tout ce qui, dans la population âryenne, n'était pas distingué par des fonctions sacerdotales ou par un rang aristocratique, que, par conséquent, la théorie brâhmanique ait, en créant le dérivé *vaiçya*, fait du primitif une application en partie arbitraire, historiquement fausse, nous en avons un indice qu'il ne faut point oublier. Le nom d'*arya*, quoiqu'il ne paraisse pas usité ainsi dans les hymnes, est incontestablement synonyme d'*ârya*. Il est parfois employé ainsi par la littérature sacerdotale ; mais il y est surtout appliqué spécialement aux vaiçyas [1]. On se souvenait donc fort bien que

---

1. *Ind. Stud.*, X. p. 5, 7, 16.

les vaiçyas formaient en réalité toute la classe des hommes libres, le gros de la nation. Entre ce vague groupement et la caste véritable, nécessairement plus restreinte, adonnée à une profession définie, reliée par une commune descendance, enfermée dans des règles particulières, gouvernée par des coutumes propres, il y a un abîme.

J'ai admis jusqu'ici, comme on fait d'ordinaire, que *varna*, dans la théorie brâhmanique, est le terme qui correspond précisément à la notion de caste. La concession n'était que provisoire. Elle veut être limitée.

Employé d'abord pour marquer une opposition de couleur entre deux populations rivales, fractionné ensuite, si j'ose ainsi dire, pour être étendu non plus à ces deux *varnas* primitifs, mais à des catégories plus nombreuses, il n'a pas perdu toute trace de ses origines. Il ne désigne pas la caste en général et dans le sens rigoureux, mais seulement « les quatre castes ». Il s'applique uniquement à ce que, quelque part, un livre épique, le *Harivamça*, appelle les « quatre castes légales ». Pour désigner les autres, ces castes secondaires ou mélangées qui correspondent, non à des divisions théoriques, mais aux vraies castes, telles que nous les voyons vivre et agir, les Livres de lois ont un autre terme, *jâti*. Il fait précisément pendant par le sens au mot « caste », puisqu'il veut dire « naissance, race ». C'est, je crois, dans cette acception, non dans celle de « famille », qu'il le faut entendre partout où l'emploient Manou, Yâjnavalkya, et les autres. Cette distinction entre les deux termes, on a eu le tort de n'en point tenir un compte suffisant. Elle perpétue jusqu'à une époque assez basse le souvenir des deux élémens qui sont combinés dans la théorie brâhmanique.

La conclusion s'impose.

Dépositaire d'un passé lointain, le Véda reflète une division de *classes* dont la comparaison de l'Iran, d'autres indices encore, attestent l'antiquité très haute. La littérature plus moderne se trouvait, elle, tout à la fois contemporaine, dès ses origines, d'un régime de *castes*, et prisonnière de la tradition védique, tenue d'en accepter sans réserve tout l'héritage. Souvenirs du passé et réalités du présent se fondirent dans un système hybride ; le régime vivant des castes s'encadra dans de vieilles divisions de races et de classes qui furent démarquées à cet effet. Ces incohérences n'étaient pas pour effrayer une spéculation scolastique dédaigneuse plus qu'aucune autre des faits et de l'histoire. Son œuvre était d'ailleurs facilitée par ce qui, jusque dans l'émiettement des castes, survivait certainement de l'esprit de classe.

Aujourd'hui encore, l'orgueil de classe pénètre tous les brâhmanes ; il domine toutes les inégalités, toutes les différences qui les séparent au vrai en une multitude de castes. A plus forte raison devait-il en être de même en un temps où, la diffusion du peuple âryen étant moindre, le mélange des races moins avancé, le fractionnement était encore plus restreint. Même chez l'aristocratie guerrière, et quel qu'ait été son morcellement en clans, tribus ou castes, l'amour-propre de classe, les intérêts de classe ne pouvaient manquer de garder un empire puissant et de maintenir une certaine unité. A coup sûr, ce sentiment, cette unité relative étaient pour une classe sacerdotale, ambitieuse et déjà savante, particulièrement indispensables à la fois et aisées à sauvegarder. Il n'y a entre classes et castes point d'incompatibilité absolue ; les deux régimes se peuvent combiner et compléter. L'erreur consiste à en confondre les origines.

Seule l'autorité de la théorie brâhmanique a pu répandre sur cette distinction profonde une fâcheuse illusion. Elle a donné crédit à une interversion complète des rôles. C'est sous son insidieuse influence que l'on s'est obstiné à chercher l'origine des petits groupes bien vivans, dans des catégories qui n'en sont plus que l'exposant collectif, dont la valeur est en quelque sorte devenue nominale, qui ont été superposées à un régime auquel elles sont primitivement étrangères, moins par un développement organique que par une construction savante.

On a beaucoup discuté, et sans serrer les termes d'assez près, la question de savoir si les castes existaient à l'époque védique. D'un commun accord, on a considéré que l'hymne à Purusha était trop récent pour faire foi à cet égard. Les observations qui précèdent ne tranchent pas le problème. Il en résulte au moins que, partisans ou adversaires de l'existence védique des castes, doivent décidément modifier leur base d'opérations.

Que le mot *varna* ne signifie point *caste* dans les hymnes, il importe peu, s'il est vrai que ce mot n'ait jamais eu rigoureusement ce sens, ou du moins qu'il ne l'ait reçu qu'en vertu d'une extension tardive. Que l'on discerne dans la population une triple division, que l'on soit même fondé à en induire l'existence dans un passé encore plus reculé, il n'y a rien à conclure de là, s'il est vrai qu'il s'agisse de classes, non de castes. La hiérarchie des classes se retrouve dans des milieux trop divers pour être par elle-même significative. La caste, organisme de sa nature circonscrit et séparatiste, a nécessairement d'autres racines.

Le vrai problème consiste à déterminer si, au-dessous de ces grandes catégories de prêtres, de guerriers nobles, d'hommes libres, et inscrits, si j'ose ainsi parler, dans ces cercles étendus, il y a trace dans les hymnes de groupes héréditaires, agglutinés par l'un quelconque, — consanguinité, profession, religion, résidence, — des facteurs que nous savons contribuer à la constitution des castes, des organismes enfin identiques ou simplement analogues à la caste. Voilà ce qu'il faut chercher ; autre chose est de savoir si la recherche sera fructueuse.

Personne n'a fouillé le Véda avec plus de compétence que M. Ludwig, ni plus de penchant à y dénoncer la caste. Il ne s'est laissé arrêter par aucune des conclusions négatives, même les plus autorisées. Il n'a, en somme, rien découvert. Des classes, oui ; des castes, non. Que la complication même des rites et des chants ait, dès l'époque védique, solidement cimenté le sacerdoce, que les fonctions en aient été souvent, habituellement même, héréditaires, personne n'en peut douter. Qu'il se soit formé une classe de chefs riches, puissans par les armes, et que cette noblesse, ait dans l'Inde comme ailleurs, reposé essentiellement sur la naissance, M. Ludwig n'a rien démontré de plus. Il n'a retrouvé aucune des limitations positives que suppose la caste, ni prouvé que ces Maghavans qu'il assimile aux Kshatriyas appartinssent à un groupe fermé.

Au fond, M. Ludwig reconnaît lui-même qu'il ne peut discerner que deux classes distinctes, l'une de prêtres, l'autre de nobles, placées au-dessus de la masse du peuple âryen, des Viças. S'il estime que ces indices suffisent pour affirmer l'existence du régime des castes, c'est qu'il prend son point de départ dans le système brâhmanique. Il considère, au moins tacitement, ce système comme l'expression exacte des faits ; par conséquent toute trace qui, dans le passé, accuse avec lui une certaine concordance, démontrerait que, du temps où elle remonte, il existait dans son ensemble. C'est à mon sens, une pétition de principe.

M. Zimmer[1] était certainement autorisé à en prendre avantage en faveur de la thèse opposée. Autre chose est de décider si, inversement, il est

---

[1]. *Altind. Leben*, p. 185.

certain qu'il n'ait point existé de castes dès l'époque où furent composés les hymnes les plus anciens. Si l'on songe combien, malgré son importance souveraine dans la vie pratique et sociale, le mécanisme des castes (je ne parle pas de la domination des brâhmanes ou des nobles, comme classes) tient au fond peu de place dans toute la littérature postérieure, on avouera que le seul silence des textes a ici peu de poids. Si, comme je l'estime, la caste prend son origine dans une évolution normale de la plus ancienne constitution de la famille, évolution organique, mais spéciale à l'Inde, déterminée par les conditions ethniques et économiques, géographiques et psychologiques qui lui sont propres, le mouvement a dû se produire trop lentement, il repose sur des élémens trop primitifs, trop instinctifs de la vie, pour qu'une littérature comme celle des hymnes, déjà ambitieuse et déjà savante, promette sur ces élémens, sur leur développement, beaucoup de témoignages utiles.

Le système qui se manifeste dans la tradition hindoue n'existait pas encore au temps des hymnes anciens, ou du moins n'était pas reconnu par leurs auteurs ; cela est certain, puisque les termes principaux de la théorie ont été dérivés de thèmes qui ne sont encore familiers aux hymnes que dans leur état primitif, puisque la teneur générale de la théorie a été influencée, au point d'en être faussée, par le désir de se rapprocher de la tradition des hymnes. Mais ce système brâhmanique a de tout temps couvert une situation de fait très différente. L'absence du système ne suffit donc pas à démontrer que la situation de fait dont il s'inspire n'ait pris naissance que plus tard. L'épanouissement complet en paraît, à vrai dire, peu compatible avec l'état historique et économique qui se dégage du Véda ; encore pourrait-il avoir existé dès lors, quoique dans une phase antérieure, et s'acheminant vers sa constitution définitive.

Je crains fort que les textes ne fournissent jamais une réponse péremptoire. Le doute est d'autant plus permis que la vraie position des hymnes dans l'antiquité hindoue est encore plus imparfaitement déterminée, que nous discernons encore plus vaguement à quel moment précis de l'évolution historique ils correspondent. Ils reflètent une époque ancienne, mais non sans y mêler une foule de traits purement hindous ; la civilisation qui les suit leur accorde les respects les plus hyperboliques, mais tout en se déroulant sur un terrain religieux et dogmatique, géographique et social, profondément différent. Qui prétendrait déterminer dès aujourd'hui dans quelle relation exacte il faut décidément concevoir ces deux phases ?

IV

Sur la genèse des castes, les Hindous ne possèdent que peu de légendes. Elles sont aussi insignifiantes qu'elles sont rares. Elles portent au front un caractère symbolique et superficiel. La plus répandue est celle que nous connaissons déjà, qui tire les brâhmanes de la bouche, les kshatriyas des bras, les vaiçyas des cuisses, les çûdras des pieds du démiurge. Là même où elle est mise en œuvre, comme dans Manou, elle est visiblement un placage qui trouble l'ordonnance de la théorie cosmique. La chose est encore plus claire dans le Râmâyana, où, en fin de compte, les castes paraissent tirées de Manou, femme de Kaçyapa [1], un peu comme, dans l'Iran, les trois classes sont tour à tour dérivées soit de Jima, le premier roi, soit de Zarathoustra, le grand initiateur religieux [2].

Les variantes de certains Brâhmanas [3] ne sont que jeux d'esprit, petits arrangements étymolo-

---

1. Muir. *ST.*, I, p. 117.
2. Spiegel, *Eran. Alterth.*, III, p. 554.
3. *Ind. Stud.*, X, p. 7 suiv.

giques, sans sérieux et sans portée. Dans la plupart des spéculations sur l'origine des êtres, il n'est tenu nul compte des castes [1]. Les combinaisons qui en rattachent l'apparition soit aux âges successifs du monde [2], soit aux inclinations natives des hommes, n'ont ni plus d'autorité, ni plus de stabilité que telle fiction accidentelle qui, dans la vie future, réserve à chaque caste un ciel particulier [3].

Toutes ces explications sont scolastiques et tardives ; le système des quatre castes fondamentales les inspire, comme il pénètre la tradition tout entière.

J'ai parlé en passant de ces conflits souvent violens qui en cent endroits s'élèvent entre castes voisines. Ils s'allument sur quelque privilège très spécial qu'une caste ne peut souffrir de se voir contester. Ils ne supportent, ni par la nature, ni par l'importance des mobiles, aucune comparaison avec ces luttes de classes pour la domination, qui ont dû se produire entre prêtres et nobles dans le passé.

Que la limite des prérogatives, que la balance des attributions entre la classe sacerdotale et la

---

1. Cf. par exemple, Muir, *ST.*, I, p. 22 suiv.
3. Muir, *ST.*, I, p. 149.
3. *Ibid.*, p. 86 suiv.

classe noble n'aient point eu, en fait, et dès le début, la fixité ni la précision que leur attribuent les textes dogmatiques, c'est ce dont nous ne pouvons douter *a priori*. Nous savons ce que la rigueur des règles masque de flottement dans la pratique. Quelque soin que mit la classe sacerdotale à se réserver le privilège des œuvres rituelles et des études sacrées, ce privilège souffrait, surtout dans la période ancienne, bien des exceptions. Admis à la communication de l'enseignement religieux, les chefs devaient, dans plus d'un cas, en dépit des prétentions contraires, s'en faire à leur tour les instituteurs. Nombre de chants védiques sont attribués à des kshatriyas, voire à des vaiçyas [1]. Si les hymnes mêmes recommandent aux chefs avec tant d'insistance d'avoir près d'eux un prêtre de profession, un *purohita*, c'est peut-être qu'ils s'affranchissaient souvent de ce devoir. Dans plusieurs cas, des fils de nobles remplissent cette fonction [2]. La littérature sacerdotale témoigne de la science éminente de certains rois ; ils en remontrent aux brâhmanes mêmes. Les livres qui représentent la théorie brâhmanique dans son complet épanouissement prévoient encore le cas, à vrai dire exceptionnel, où un brâhmane

---

1. *Ibid.*, p. 265 suiv.
2. Zimmer, *op. laud.*, p. 196.

peut accepter pour maître un kshatriya ou un vaiçya¹.

Ne rencontrons-nous pas aussi des femmes, de race brâhmanique ou royale, dont les noms perpétués par la légende sont restés attachés au souvenir d'un vaste savoir théologique et d'argumentations victorieuses².

Il y a même un cas où le Brâhmana, après avoir exalté la science d'un roi, Janaka, du Videha, semble, en manière de conclusion, assurer qu'il devint brâhmane³. Mais c'est la légende de Viçvâmitra qui fournit l'exemple le plus fameux d'une promotion de ce genre. Les hymnes védiques indiquent entre Viçvâmitra et Vasishtha, une longue rivalité ; peut-être la faveur du roi Soudâs, la charge de chapelain auprès de lui, en était-elle l'enjeu. Les textes sont obscurs, et leur combinaison douteuse. Quoi qu'il en soit, le thème primitif s'est, dans l'épopée, brodé de copieuses variations ; il se précise en une lutte violente qui s'engage entre les deux personnages, à qui possédera la vache miraculeuse, Surabhi, qui réalise tous les vœux ; surtout il se charge d'austérités prodigieuses, au bout desquelles Viçvâmitra, qui

---

1. *Apast. Dh. S.*, II, 4, 25.
2. *Ind. Stud.*, X, p. 118-9. ST. I, p. 430.
3. *Çatap. Brâhm*, cité par Muir, ST., 1, p. 426-9,

appartient d'origine à la lignée royale des Kuçikas, devient brâhmane.

C'est une étrange illusion de prétendre emprunter à de pareils récits des documents pour l'histoire de la caste. Tout ce qu'ils peuvent indiquer, c'est que, malgré la prétention de la classe brâhmanique, le monopole de la vie et de l'activité religieuses ne lui a jamais, en fait, été absolument réservé ; c'est surtout que, à l'époque où ils ont été arrêtés, les ambitions brâhmaniques avaient reçu leur consécration définitive dans le système qui fait loi. Admettre qu'un kshatriya n'avait pu toucher aux choses sacrées qu'en devenant brâhmane, c'était, aux yeux des brâhmanes, rendre encore hommage à leur privilège. Une exception si rare, achetée si chèrement, confirmait la règle. On n'y saurait voir la preuve que des changemens de caste aient été officiellement reconnus, moins encore que la légende soit plus vieille que le régime des castes. Tout au plus en peut-on induire que la règle qui a réservé aux seules castes de brâhmanes le ministère religieux, étrangère à la constitution archaïque des rites qui ne supposait pas un sacerdoce privilégié, souffrait, dans la haute antiquité, plus d'exceptions encore qu'à des époques plus modernes, plus éloignées du primitif sacerdoce familial.

Il peut être piquant, il est à coup sûr périlleux de monnayer des légendes en histoire. Le procédé exige d'extrêmes ménagemens.

On a laborieusement colligé [1] les récits empruntés soit à l'épopée, soit aux pourânas, où sont remémorées les violences de certains rois à l'égard des brâhmanes et les châtimens dont elles sont punies. C'est Vena interdisant aux prêtres de sacrifier, Purûravas leur enlevant leurs joyaux, Nahusha faisant traîner son char par mille brâhmanes, d'autres contes encore. On y a dénoncé les vestiges de la lutte entre brâhmanes et nobles pour la prééminence. Il est, sans scandale, permis de douter si tous reflètent réellement des souvenirs de ce genre.

Le plus suggestif est assurément l'histoire de Paraçu-Râma. Fils de Jamadagni, il appartenait à la lignée des Bhrigouïdes. Un jour, le roi Arjuna, accueilli dans l'ermitage de Jamadagni, reconnaît traîtreusement cette hospitalité en enlevant le veau d'une vache que le saint homme se préparait à sacrifier. Prompt à venger l'injure paternelle, notre héros, vénérable mais brusque, détruit à vingt et une reprises la race des kshatriyas. Il fait tant que, d'après certaines versions de la légende

---

1. Muir, *ST.*, I, p. 296 suiv., Lassen, *Ind. Alterth.*, 1, p. 705 suiv.

les guerriers ayant tous disparu, il ne reste aux brâhmanes, pour rendre à la terre ses maîtres tutélaires, à l'organisation sociale son indispensable équilibre, d'autre ressource que de s'unir aux veuves des kshatriyas pour faire souche avec elles d'une nouvelle caste noble. Quelle est au vrai l'origine de ce récit? Reflète-t-il une vaste lutte de classes entre nobles et prêtres? Cette conclusion m'apparaît, je l'avoue, moins clairement qu'à d'autres juges. Mais il ne vaut point la peine d'épiloguer. Le conte trahit assurément des uns aux autres, au moins en certains lieux et à certains momens, des relations fort tendues.

Une domination comme celle que les brâhmanes ont conquise, qu'ils ont dû fortifier de siècle en siècle, ne se fonde point sans contestations. Le soin que prennent leurs livres, à toutes les époques, depuis les hymnes védiques, d'établir le dogme de leur supériorité dans les termes les plus forts, les plus extravagans, montre bien qu'il a fallu un persévérant travail pour en assurer le succès. On a justement fait valoir [1] que toute une série d'hymnes de l'Atharvavéda semble refléter une période, ou au moins des exemples nombreux, de conflits entre brâhmanes et kshatriyas. Il est clair d'ailleurs que, de tout temps, le pouvoir

1. Zimmer, p. 197 suiv.

dont ils disposaient, comme représentans par excellence de la classe noble, a assuré aux rois une situation que les respects extérieurs et la docilité superstitieuse réservés aux prêtres ne suffisaient pas à ébranler.

Le *Çatapatha brâhmana*[1] déclare que « rien n'est au dessus du pouvoir royal (*kshatra*) ; » il se hâte d'expliquer que, étant produit par l'énergie créatrice du « pouvoir religieux » (*brahma*), il le doit respecter comme sa propre source ; l'aveu n'en est pas moins limpide. Dans le bouddhisme, la supériorité sociale est volontiers reconnue à la classe militaire[2]. C'est à cause de cette supériorité, nous assure-t-on, que Çâkyamouni a pris naissance dans une famille royale. Pour être de source bouddhique, le témoignage est moins suspect qu'on ne serait enclin à l'imaginer. Le *Dhammapada*, un livre bouddhique, et des plus anciens, des plus autorisés, célèbre le Brâhmane dans une suite de strophes éloquentes, le prend et reprend comme personnifiant l'idéal même de la perfection humaine. Du temps du brâhmana comme du temps du bouddhisme, le régime des castes existe souverainement.

1. XIV, 4, 2, 23.
2. Cf. par exemple, le vers *Majjh. Nik.*, éd. Trenckner, I, p. 358.

Ni les traces de conflits entre nobles et brâhmanes, ni certains passages exceptionnels (en les supposant authentiques) d'un groupe à l'autre, ne prouvent que la caste ait été, à l'époque où en remontent les témoignages, dans un état rudimentaire. Luttes de classes, conflits d'influences, sont de toutes les époques ; ils se greffent sur les constitutions sociales les plus diverses. Ces incidents n'excluent en aucune façon, pas plus d'ailleurs que par eux-mêmes ils ne l'impliquent, l'existence parallèle de la caste.

Le premier témoignage documentaire que nous possédions de l'existence de la caste, c'est l'apparition du système qui a prétendu la réglementer. Il se manifeste dès la période la plus haute de la littérature sacerdotale, et même dans les couches les plus récentes des hymnes védiques.

Naturellement, le système est postérieur aux faits qu'il prétend codifier et remanier. Quand il se révèle, c'est que la caste est déjà le régime reconnu. Mais depuis combien de temps ? C'est ce qu'il nous est impossible de préciser. Non seulement la caste existait, tout indique qu'elle existait dans une condition foncièrement identique à sa condition actuelle. A eux seuls, les textes seraient sans doute impuissans à le démontrer ; mais il suffit, pour les bien entendre, de les éclairer, comme j'ai dit qu'ils en avaient grand besoin, des lumières qui s'empruntent à l'expérience du présent.

La théorie y a masqué et faussé la réalité. Reliant, par un compromis plus ou moins artificiel, les faits vivans à la tradition d'un passé évanoui, elle identifie et superpose la distinction des castes à l'ancienne distinction des classes ; à ces classes qu'elle pose en castes, elle transporte un nom qui a d'abord marqué une division de races. Dans toute cette construction symétrique et savante, si elle laisse pénétrer quelque reflet de la complexité et de la confusion réelles, elle le rejette au second plan, le dissimule, comme dans la théorie des castes mêlées, sous une régularité factice.

La littérature ne nous tire donc pas d'affaire. Elle ne nous a conservé ni enchaînement historique solide ni souvenirs décisifs. Si je ne l'ai pu démontrer sans quelques longueurs, les esprits attentifs s'en consoleront peut-être en découvrant ici un instructif exemple des obscurités propres à la tradition hindoue, des difficultés qu'elle oppose et de la prudence qu'elle commande à nos curiosités.

Il ne nous reste d'autre ressource que d'aborder directement la question des origines.

III

LES ORIGINES

I. Les systèmes d'explication. — Les traditionnalistes. — II. La profession comme fondement de la caste. MM. Nesfield et Ibbetson. — III. La race comme fondement de la caste. M. Risley. — IV. La caste et la constitution âryenne de la famille. — V. Genèse de la caste hindoue. — VI. Vue d'ensemble. La caste et l'esprit Indien.

Depuis qu'il sollicite les chercheurs, le problème de l'origine des castes a été repris souvent et par plusieurs côtés. Bien des systèmes ont été proposés ; j'en puis, je crois, sans scrupule, écourter la liste.

J'écarte tout d'abord les explications trop générales ou trop rapides, qui ne reposent pas sur une étude attentive ni suffisamment compétente du terrain où se pose le problème.

Parmi les tentatives assez récentes pour être complètement informées, il se dessine plusieurs groupes ; il me suffira d'en préciser les tendances par des exemples. Ce ne sera pas une simple curiosité. Cette vue sommaire nous fournira l'occasion de déblayer le terrain, et, ne fût-ce que par voie d'élimination successive, nous nous rapprocherons des solutions probables.

I

Si les Hindous ont confondu les deux notions et les deux termes de classes et de castes, on a parmi nous suivi leurs errements avec une docilité fâcheuse. J'entends surtout les indianistes. Représentans de l'école philologique, ils obéissent à une pente presque irrésistible en envisageant de préférence le problème sous cet aspect traditionnel. La théorie brâhmanique est comme leur atmosphère propre. La chronologie littéraire est leur point de départ invariable.

Fidèles à un principe qui, semble-t-il, s'impose *a priori,* — mais dont j'ai déjà dénoncé, dans son application à l'Inde, les périls et la fragilité — la plupart ont admis de fait, comme une certitude évidente, que la suite des monumens littéraires devait correspondre à l'évolution historique et en refléter exactement les phases. Les *Brâhmanas*, qui, dans l'ordre des temps, se lient de plus près aux *Hymnes*, ne pourraient rien contenir qui ne fût le prolongement ou le développement normal des données qui y sont contenues. D'où ce dilemme : ou bien l'existence des castes est attestée dans le *Véda*, ou, au cas contraire, elles se sont nécessairement établies dans la période qui sépare la composition des hymnes, auxquels elles seraient inconnues, de la composition des *Brâhmanas* qui en supposent l'existence ; à quoi s'ajoute ce corollaire, toujours tacite, mais toujours agissant, que c'est au moyen des élémens expressément fournis par les Hymnes que s'en devraient justifier les origines.

Personne, que je sache, ou presque personne, ne s'est affranchi de ce postulat. On s'est cru tenu à considérer comme le point de départ certain les divisions qui, de l'aveu de tous, se révèlent dans le Véda, castes complètes et avérées suivant les uns, classes sociales suivant les autres ; les premiers, d'autant plus passionnés à retrouver les castes dans les Hymnes, qu'ils sentaient justement combien il est difficile de leur attribuer, suivant le mode ordinaire, une origine trop récente ; les seconds, concluant du silence des Hymnes que l'époque où ils remontent n'en aurait rien su, que le mouvement n'a donc pu se prononcer que plus tard ; les uns et les autres s'accordant pour considérer comme primitif, indissoluble, le lien qui rattache les quatre varnas du système à la naissance même de l'institution des castes.

Sous cette impression on croit volontiers avoir

assez fait quand, de considérations générales étayées d'analogies approximatives, on a déduit une explication rationnelle. Des prétentions et des intérêts de la classe sacerdotale, grâce à une alliance qui s'est vue ailleurs avec le pouvoir séculier, on fait sortir, par de savans calculs persévéramment poursuivis, cet état de fractionnement, maintenu par des règles sévères, qu'on n'envisage qu'à travers le prisme des Livres de lois. De ces constructions, les lignes sont communément un peu molles ; elles peuvent séduire par leur régularité, par l'appel commode qu'elles font à des notions courantes. On n'est pas impunément si clair.

Maîtres de l'analyse qui tire tout le vocabulaire indo-européen de quelques centaines de racines, certains explorateurs du langage ont bien cru toucher, dans les langues qui ont gardé le plus de transparence étymologique, aux premiers bégaiemens de la parole humaine. Ils estimaient que le pas à franchir de là jusqu'à la source était négligeable ou peu s'en faut. Parmi les explications qu'à suscitées la caste, il en est qui font songer à ce facile optimisme. Il a exercé ses ravages jusque sur des esprits qui paraissaient des mieux armés pour s'en défendre.

M. Sherring, par exemple, a consacré de vastes travaux à l'étude directe des castes contemporaines[1]. Quand, un jour, il a songé à coordonner ses vues d'ensemble, à résumer son sentiment sur l'*Histoire naturelle de la caste*[2], il a posé les termes du problème avec une fermeté qui n'était pas pour démentir les promesses de son titre. Chose curieuse, qu'un système préconçu ait pu stériliser tant d'observations et de savoir. M. Sherring ne nous a montré dans la caste que le fruit de la politique sournoise de prêtres ambitieux, fabriquant de toutes pièces et modelant à leur profit la constitution du monde hindou!

La comparaison des jésuites et de leurs visées théocratiques joue en général dans ces exposés un rôle véritablement excessif. Nous la retrouvons jusque chez un des représentans les plus récens de l'école philologique. M. de Schrœder[3] ne semble pas d'abord enclin à exagérer l'autorité du système brâhmanique : il sent que la quadruple division en prêtres, guerriers, etc., ne peut correspondre qu'à une distinction de classes. Ce n'en est pas moins d'elles, et par-dessus tout de la constitution particulière aux brâhmanes, qu'il dérive les castes. S'il fallait l'en croire, le

1. *Tribes and Castes in Benares.*
2. *Natural history of Caste*, dans la Calc. Review.
3. *Indien's Litteratur und Cultur*, p. 152 suiv., 410 suiv.

régime serait lié à la réaction victorieuse du brâhmanisme contre le bouddhisme expirant. La formation s'en trouverait donc ainsi rabaissée jusqu'à l'époque où parut l'homme dans lequel se personnifie ce mouvement, d'ailleurs si hypothétique, jusqu'à Çankara, le philosophe orthodoxe du VIIIe siècle !

Ce sont là les systèmes que j'appellerai traditionnalistes. Ils se répètent, se transmettent sans grand effort de renouvellement. Si ingénieux qu'ils puissent être dans quelques unes de leurs parties, l'analyse n'en serait guère fructueuse. Roth [1] a, par exemple, expliqué les premiers progrès de la caste sacerdotale par l'importance qu'aurait prise peu à peu le *purohita* ou prêtre domestique des chefs. En se répandant dans les plaines de l'Inde, les peuplades âryennes se seraient résolues en fractions nombreuses ; elles se seraient émiettées ; les familles royales y auraient perdu et en puissance et en autorité : elles seraient tombées au rang d'une simple noblesse ; les *kshatriyas* seraient la monnaie des anciens rois. Leur faiblesse aurait fait l'empire des brâhmanes. Toutes les vues d'un esprit si fin et si bien informé ont leur prix. Mais celle-ci n'intéresse réel-

---

1. *Zeitschr. der Deutschen Morgenl. Gesellsch.*, I, p. 81 suiv.

lement que l'histoire des classes, non pas la genèse des castes.

Confondre les unes avec les autres, c'est, à mon avis, tout brouiller. J'en ai indiqué plusieurs raisons. La classe et la caste ne se correspondent ni par l'étendue, ni par les caractères, ni par les tendances natives. Chacune, parmi les castes mêmes qui se rattacheraient à une seule classe, est nettement distinguée de ses congénères ; elle s'en isole avec une âpreté que ne désarme aucun souci d'une unité supérieure. La classe sert des ambitions politiques ; la caste obéit à des scrupules étroits, à des coutumes traditionnelles, tout au plus à certaines influences locales. qui n'ont d'ordinaire aucun rapport avec les intérêts de classe. Avant tout, la caste s'attache à sauvegarder une intégrité dont la préoccupation se montre ombrageuse jusque chez les plus humbles. C'est l'écho lointain de luttes de classes qui, transmis par la légende, retentit dans la tradition. Les deux institutions ont pu, par la réaction des systèmes sur les faits, devenir solidaires ; elles n'en sont pas moins essentiellement indépendantes.

La répartition hiérarchique de la population en classes est un fait presque universel ; le régime des castes est un phénomène unique. Que l'ambition brâhmanique en ait tiré parti pour mieux asseoir sa domination, c'est possible. Ce n'est pas évident. Une théocratie n'a pas pour base nécessaire un régime de castes. Si la théorie a confondu les deux ordres d'idées, c'est un fait secondaire : nous l'avons vu par la critique même de la tradition. Pour comprendre le développement historique, il les faut distinguer soigneusement, sauf à s'enquérir comment les deux notions ont pu finalement se solidariser. La spéculation sacerdotale a interposé entre les faits et notre regard un système artificiel. Gardons-nous de prendre pour le spectacle le rideau qui nous le dérobe.

Il peut paraître très simple de dériver, à la façon brâhmanique, un nombre infini de groupes du fractionnement successif de larges catégories primitives. Comment ne pas voir que ce morcellement s'inspire d'intérêts et de penchans directement opposés à l'esprit de classe, qui devrait bien plutôt resserrer sans cesse le faisceau ? Soumise à des principes d'unification variables, géographiques, professionnels, sectaires, etc., la caste se montre invariablement insensible aux considérations d'ordre général. L'esprit de classe ne rend compte d'aucune des particularités, d'aucun des scrupules qui font l'originalité de la caste, qui, même entre des groupes qui relèveveraient en somme d'une classe commune, dressent tant et de si hautes barrières.

Ces systèmes posent donc mal la question ; ils partent d'un principe arbitraire qu'ils ne démontrent pas, qui, à l'application, révèle une évidente insuffisance. Ce n'est pas tout. Leur respect excessif pour les prétendus témoignages de la littérature les force à ramener les commencemens du régime jusqu'à une époque trop basse, où tout indique que la vie de l'Inde était déjà fortement établie dans son assiette définitive. Nouvelle invraisemblance ! Une institution si universelle dans la société hindoue, douée d'une vitalité souple jusqu'à paraître indestructible, ne peut pas manquer d'être liée aux racines mêmes du développement national. Surgissant tardivement, au moins eût-elle, à prendre tant d'empire, laissé de ses commencemens des traces plus précises.

Un trait est commun à tous les systèmes de cette catégorie : ils perdent trop de vue les faits actuels ; ils se privent des rapprochemens et des idées qu'évoque la vie des populations imparfaitement ou récemment assimilées à l'hindouisme dominant.

Cette préoccupation tient au contraire une

place d'honneur dans des travaux qui obéissent à d'autres directions, qui procèdent soit des doctrines sociologiques, soit de l'anthropologie.

II

M. Nesfield est dominé par des vues d'ethnographie générale ; sa foi aux classemens positivistes est d'une raideur qui surprend en un temps si revenu de tout dogmatisme. Au moins est-il dans ses conclusions d'une netteté parfaite ; si on hésite à le suivre, on sait où il va.

La communauté de profession est, à ses yeux, le fondement de la caste ; c'est le foyer autour duquel elle s'est formée. Il n'admet aucune autre origine ; il exclut délibérément toute influence de race, de religion. C'est pour lui illusion pure que de distinguer dans l'Inde des courans de population divers, âryens et aborigènes. Le flot de l'invasion s'est abîmé de bonne heure dans la masse ; l'unité s'est faite très tôt ; plus de mille ans avant l'ère chrétienne, elle était déjà acquise. Seule, la constitution des castes a pu, grâce à la spécialité professionnelle, y jeter un dissolvant.

Les castes se seraient d'ailleurs développées suivant un ordre absolu ; c'est l'ordre que suit la marche du progrès humain dans la vie, dans l'agriculture, dans les industries ; le rang social assigné à chacune serait précisément celui qu'occupe, dans cette série, le métier particulier auquel elle s'adonne [1]. C'est ainsi que, parmi les castes d'artisans, il discerne deux grandes divisions : la première correspond aux métiers antérieurs à la métallurgie, c'est la plus basse ; la seconde, plus relevée, représente les industries métallurgiques ou est contemporaine de leur floraison. Il a dépensé une ingéniosité singulière à établir sur des bases analogues, — dans l'intérieur du groupe auquel elle appartient, — la préséance de chaque caste, telle qu'elle est, suivant lui, fixée par l'usage hindou. Les groupes se superposent ainsi, suivant qu'ils ont surtout rapport à la chasse, à la pêche, à l'état pastoral, à la propriété terrienne aux métiers manuels, au commerce, aux emplois serviles, aux fonctions sacerdotales. Pour me servir de ses propres expressions [2] : « chaque caste ou groupe de castes représente l'une ou l'autre de ces étapes progressives de la culture qui ont marqué le développement industriel de l'humanité, non seulement dans l'Inde, mais dans tous les pays du monde. Le rang que chaque caste occupe, en haut ou en bas de l'échelle, dépend de l'industrie que chacune représente, suivant qu'elle appartient

1. Nesfield, *Caste System*. § 9.
2. P. 88.

à une période de culture avancée ou primitive. De la sorte, l'histoire naturelle des industries humaines donne la clef de la hiérarchie aussi bien que de la formation des castes hindoues. »

Partant de là, M. Nesfield nous montre les différentes professions émergeant de la tribu pour se constituer en unités partielles, et ces unités s'élevant dans l'échelle sociale conformément aux métiers dont elles vivent[1]. Issue de la tribu dont elle recompose les fragmens d'après un principe nouveau, la caste a gardé de ses origines des souvenirs persistans. C'est au type ancien de la tribu qu'elle a emprunté les règles étroites du mariage et l'interdiction sévère de tout raprochement avec les groupes similaires.

La caste sortirait donc de l'évolution régulière de la vie sociale prise à son niveau le plus bas, et suivie dans sa lente progression. Comment il peut concilier cette thèse avec la date relativement tardive à laquelle il rapporte d'ailleurs la constitution des castes, c'est ce que je ne prétends pas démêler. Quelle apparence que, mille ans avant notre ère, les Hindous fussent encore des barbares, dénués des élémens les plus humbles de la civilisation?

Encore moins puis-je pénétrer comment, de ce

---

1. § 177-8, 180-2.

point de vue, M. Nesfield arrive dans cette genèse à réserver aux brâhmanes une part si décisive. Il affirme en effet que « le brâhmane fut la première caste dans l'ordre du temps : toutes les autres furent formées sur ce modèle, s'étendant graduellement du roi ou guerrier jusqu'aux tribus adonnées à la chasse et à la pêche, dont la condition n'est guère supérieure à celle des sauvages ». C'est des brâhmanes que, par la contagion de l'exemple, par la nécessité de se défendre, s'inspire l'exclusivisme de toutes les castes[1]. Le brâhmane est le fondateur du système. C'est le brâhmane[2] qui a inventé, à son profit, la règle qui seule achève de les constituer, la règle qui interdit d'épouser une femme d'autre caste. Contradiction singulière avec la suite où il dérive des usages traditionnels de la tribu la réglementation du mariage.

Ce n'est pas qu'il soit dupe du dogmatisme des livres religieux. A ses yeux « les quatre castes n'ont jamais eu dans l'Inde d'autre existence qu'aujourd'hui, comme une tradition qui fait autorité. » Empruntée au passé indo-iranien, elle n'a guère d'autre mérite que de rattacher la variété des castes aux différences de fonction.

1. § 171-2.
2. § 469, 190.

Les Vaiçyas et les Çûdras, en particulier, n'ont jamais été qu'une sorte de rubrique destinée à envelopper une foule d'élémens hétérogènes [1]. Mais, évidemment, et sans se soustraire à la séduction qu'exerçaient sur son esprit les constructions positivistes, M. Nesfield a bien senti que, faute d'un correctif, sa théorie prouvait trop, qu'elle devrait s'appliquer à tous les pays. Sans doute aussi a-t-il, malgré sa naturelle indépendance, subi le prestige de la tradition. Quoi qu'il en soit, la concession qu'il lui fait, loin d'être inhérente à son système, en trouble toute l'ordonnance. L'originalité de sa thèse est ailleurs. Si d'autres avaient, avant lui, assigné, dans la genèse des castes, une part d'action à la spécialité professionnelle, personne n'y avait ramené aussi délibérément toute l'évolution. Plus que personne aussi, il en a rattaché les détails caractéristiques aux souvenirs de la tribu. En prenant pied sur le terrain nouveau de l'ethnographie, il a étendu les perspectives et préparé à l'interprétation un fondement plus large.

Plusieurs des vues qu'ils a semées en passant pourraient disparaître sans laisser de lacune sensible. La fusion des élémens divers de population fut, suivant lui, très anciennement achevée,

---

[1]. § 11.

la parfaite unité de l'ensemble assurée dès une haute époque. Si chaleureuse qu'elle soit, sa conviction appellerait bien des objections et des réserves, mais elle n'est point indissolublement solidaire de son opinion sur l'origine professionnelle de la caste. On en peut dire autant des déductions étymologiques, des données légendaires dans lesquelles il prétend saisir, dès son début, l'histoire de bien des castes, au moment précis où elles se détachent par essaims successifs des tribus originaires. L'information ici est plus variée, la combinaison plus brillante que la méthode n'est rigoureuse.

M. Nesfield a peut-être trop étudié la caste par son aspect extérieur et actuel. Il a commencé par l'expérience quotidienne ; c'est un avantage, c'est aussi un péril. Sa théorie s'est si bien emparée de son esprit, qu'il a été naturellement entraîné à nous la présenter dans une exposition déductive, plutôt qu'il n'en a suivi la démonstration pied à pied. Convertira-t-il beaucoup de chercheurs à une thèse qui dérive un phénomène historique si particulier de constructions spéculatives si générales ?

En mettant au premier rang, d'une part la profession, d'autre part l'organisation de la tribu, il a du moins fidèlement résumé une impression qui se manifeste chez la plupart des observateurs de la vie contemporaine. Tous sont frappés de cet enchevêtrement de groupes ethniques plus ou moins étendus dont j'ai cherché à donner quelque idée et dont il importe de ne perdre de vue ni la complication ni la mobilité. Ils les voient, en des dégradations infinies, se rapprocher plus ou moins du type de la caste, s'en rapprocher d'autant plus que la communauté de profession s'y est plus complètement substituée au lien d'origine ; et, naturellement, cette double remarque colore leurs conclusions théoriques.

Moins complète — moins poussée, si j'ose ainsi dire, — que celle de M. Nesfield, c'est sur les mêmes données que repose la thèse de M. D. Ibbetson[1]. D'esprit moins systématique, plus frappé de nuances assez changeantes pour décourager les généralisations, il s'enveloppe de réserves.

Il se résume cependant, et voici textuellement, les étapes qu'il discerne dans l'histoire de la caste : 1° l'organisation de la tribu, commune à toutes les sociétés primitives ; 2° les guildes fondées sur l'hérédité de l'occupation ; 3° l'exaltation particulière à l'Inde de la fonction sacer-

---

1. Ibbetson, *op. laud.*, § 341, etc.

dotale ; 4° l'exaltation du sang lévitique par l'importance attribuée à l'hérédité ; 5° l'affermissement du principe par l'élaboration d'une série de lois tout artificielles, tirées des croyances hindoues, qui règlementent le mariage et fixent les limites dans lesquelles il peut être contracté, déclarent certaines professions et certains alimens impurs, et déterminent les conditions et les degrés des rapports permis entre les castes.

On voit quelle place tiennent ici encore la profession et la constitution de la tribu. Seulement, cette fois, le rôle des brâhmanes est renversé. Jaloux de consolider un pouvoir qui s'était fondé d'abord sur leur science religieuse, mais pour lequel cette base devenait trop fragile, ils trouvèrent, suivant M. Ibbetson, dans la division du peuple en tribus, dans la théorie de l'hérédité des occupations qui en était issue, une indication précieuse ; ils en firent leur profit. Ils en tirèrent ce réseau de restrictions et d'incapacités qui enlacent un Hindou de haute caste depuis sa naissance[1]. Les brâhmanes sont présentés ainsi comme tributaires de l'organisation spontanée du pays.

Ce système peut paraître plus logique que

1. § 212.

celui de M. Nesfield, mais, plus encore, peut-être, il procède d'une conjecture toute gratuite que n'étaie aucun commencement de preuve. Et que dire de cette conception des règles les plus essentielles, les plus caractéristiques de la caste ? Ces règles si strictes, qui exercent sur les consciences un empire si absolu, ne seraient qu'une invention artificielle, tardive, calculée dans une vue de parti !

C'est par sa base même que pèche l'édifice, par l'importance démesuré que, d'accord en cela avec M. Nesfield, M. Ibbetson prête à la communauté de profession. Si la caste avait réellement là son lien primitif, elle aurait montré moins de tendance à se morceler, à se disloquer ; l'agent qui l'aurait unifiée d'abord en aurait maintenu la cohésion.

L'expérience montre au contraire comment les préjugés de caste retiennent à distance des gens que devrait rapprocher la même occupation exercée dans les mêmes lieux [1]. On a vu quelle variété de professions peut séparer des membres de la même caste, et non pas seulement dans les classes inférieures, mais jusque dans les plus qualifiées. Nulle part l'abandon de la profession dominante n'est par lui-même une cause suffisante d'exclu-

1. Ibbetson, § 568.

sion. Les occupations sont graduées suivant une échelle de respectabilité ; mais c'est par des notions de pureté religieuse que les degrés en sont fixés. A toute caste tous les métiers sont ouverts qui n'entraînent pas de pollution, ou du moins une aggravation d'impureté. M. Nesfield constate lui-même[1] que l'on rencontre des brâhmanes exerçant tous les métiers, « excepté ceux qui impliquent une souillure cérémonielle et par conséquent la perte de la caste ». Si les castes les plus méprisées se dédoublent en sections nouvelles qui dédaignent la souche primitive, ce n'est pas que ces sections adoptent une profession différente, c'est simplement qu'elles renoncent à tel détail de leurs occupations héréditaires qui, d'après les préjugés régnans, emportent une souillure. Certains groupes de balayeurs sont dans ce cas[2].

Il est vrai que beaucoup de castes rendent une manière de culte aux instrumens propres à leur métier[3]. Le pêcheur sacrifie une chèvre à son bateau neuf ; le berger enduit d'ocre la queue et les cornes de ses bêtes ; le laboureur répand une offrande mêlée de sucre, de beurre fondu et de

---

1. Nesfield, § 133. Cf. aussi § 183.
2. Ibbetson, § 154.
3. Nesfield, § 161

riz sur sa charrue, à l'endroit où elle soulève la première motte ; l'artisan consacre ses outils ; le guerrier rend hommage à ses armes, le scribe à sa plume et à son écritoire. Pour curieux qu'ils soient, que prouvent de pareils usages ? Adonnés à des occupations variées des gens de même caste peuvent rendre cette sorte de respect aux symboles les plus divers.

Beaucoup de castes empruntent leur nom à leur occupation dominante : mais il ne s'agit là que d'une dénomination générique ; l'extension n'en correspond pas du tout forcément à celle de la caste. *Banya*, marchand, est, comme *brâhmane* ou *kshatriya*, un terme où l'on ne peut que très improprement voir un nom de caste. Dans une même province il englobera nombre de sections qui, n'ayant le droit ni de s'unir entre elles ni de manger ensemble, forment les vraies castes [1]. Les castes agricoles se comptent par dizaines dans un même district, et les *kâyasthas* ou scribes du Bengale, malgré un nom professionnel commun, sont divisés réellement en autant de castes, distinguées par des noms géographiques ou patronymiques, qu'il existe parmi eux de groupes endogames à usages particuliers et à juridiction spéciale. Ainsi partout.

1. Ibbetson, § 532-3.

Il se peut que, dans certains cas, un titre professionnel local embrasse un groupe réuni tout entier en une caste unique. Ce sera l'exception. Le lien de métier est extrêmement fragile ; sous l'action du moindre accident, l'unité se disloque. Là n'est pas le pivot de la caste.

Sortie de la spécialité des occupations, elle ne serait qu'une guilde comme les guildes du moyen-âge ou celles du monde romain. Qui pourrait confondre les deux institutions ? L'une, limitée aux seuls artisans, enfermée dans des cadres réguliers, circonscrite dans son action aux fonctions économiques dont les nécessités ou l'intérêt l'ont créée ; l'autre, pénétrant tout l'état social, réglant les devoirs de tous, foisonnant, agissant partout et à tous les niveaux, gouvernant la vie privée jusque dans ses rouages les plus intimes ? Que les castes et les anciennes guildes se touchent par certains côtés, rien de plus simple : les unes et les autres sont des corporations. Personne ne nie que la communauté de profession ait contribué à raprocher ou à limiter certaines castes d'ouvriers ou d'artisans. On voit parfois des individus attirés dans l'orbite d'une caste nouvelle, des sectionnemens nouveaux évoluer, sous l'empire de la profession[1]. Combien d'au-

---

1. Nesfield, § 158-9.

tres facteurs ont exercé parallèlement une action analogue !

Il existe en certains pays slaves, en Russie et ailleurs [1] — ou du moins il existait encore à une date toute récente — des communautés de village exclusivement vouées à une profession unique, villages de cordonniers et villages de forgerons ou de corroyeurs, communautés de menuisiers et de potiers, voire d'oiseleurs et de mendians. Or, ces villages ne sont pas des assemblages d'artisans qui se sont fondus en une communauté, mais des communautés qui exercent une même industrie. Ce n'est pas la profession qui aboutit au groupement, c'est le groupement qui aboutit à la communauté de profession, qui l'a suggérée. Pourquoi n'en serait-il pas de même dans l'Inde ?

Faire sa place à la communauté de métier parmi les mobiles qui ont agi sur la destinée de la caste, et en faire la source suffisante du régime, sont deux. Autant la première proposition est d'abord vraisemblable, autant la seconde est inadmissible.

Un Hindou — un juge qui a de la situation le sentiment vivant et la pratique familière (Guru Proshad Sen [2]) — cherchant à résumer les traits

1. Hearn, *Aryan Household*, p. 241-2.
2. *Calcutta Rev.*, juillet 1890, p. 49 suiv.

permanens de la caste, a pu négliger complètement la profession. Où chercher l'essentiel de la caste, sinon dans les règles dont le maintien absolu en assure la perpétuité, dont la violation même légère entraîne pour l'individu la déchéance, pour un groupe la dissolution? Ces règles n'ont avec la profession aucun lien, ou seulement un lien indirect par l'intermédiaire des scrupules de pureté. L'âme de la caste est ailleurs.

III

C'est dans la race, dans les oppositions qui en dérivent, que la cherche M. Risley ; il est par là en contradiction directe avec M. Nesfield. A l'en croire, la hiérarchie actuelle serait la consécration sociale de l'échelle ethnographique, depuis les âryens demeurés purs dans les castes les plus hautes jusqu'aux aborigènes les plus humbles parqués dans les basses castes. La race est, cette fois, substituée à la profession comme principe générateur. « L'index nasal » est la formule des proportions du nez ; c'est, paraît-il, le critérium le plus certain de la race. M. Risley aboutit à cette affirmation singulière, au moins d'aspect : « C'est à peine une exagération d'établir comme une loi de l'organisation des castes dans l'Inde orientale, que le rang social d'un homme varie en raison inverse de la largeur de son nez [1]. » Qui ne resterait un peu sceptique?

Je ne me pique pas de discuter les mensurations et les classifications de M. Risley. Il faut avouer du moins que, jusqu'à présent, les théo-

---

1. Risley, *Ethnograph. Gloss.*, p. XXXIV.

ries qui ont prétendu résumer la situation ethnographique dans l'Inde se sont enlisées dans des contradictions et des difficultés inextricables. Il y a de quoi mettre les ignorans en défiance. Une concordance si parfaite, étant donnés les mélanges profonds et très accidentels de tant d'élémens, — et M. Risley les reconnaît lui-même, — tiendrait véritablement du prodige. M. Nesfield n'est pas moins décisif sur la concordance rigoureuse qu'il découvre entre le rang social et la série supposée de l'évolution industrielle. Par quel miracle les deux principes, issus de sources absolument différentes, s'ajusteraient-ils si parfaitement? Je les laisse aux prises. Je le puis d'autant mieux qui ni l'un ni l'autre, dans la théorie de leur habiles avocats, n'engage véritablement le problème fondamental; ils touchent moins l'origine des castes que la règle de leur hiérarchie.

S'autorisant de l'emploi ancien du mot *varna* et de la signification qui lui est habituellement attribuée dans la langue classique plus moderne, M. Risley voit dans l'opposition native entre la race conquérante et la rare conquise, la blanche et la noire, le germe d'une distinction de castes. Les lois endogamiques sont le fondement du régime. En présence d'une population méprisée, les âryens auraient élevé ce rempart pour protéger la pureté d'un sang dont ils tiraient gloire. La caste est, pour M. Nesfield, affaire de profession ; elle est pour M. Risley affaire de mariage. C'est l'analogie, c'est l'imitation de ce groupement primitif qui, se répandant de proche en proche avec l'autorité que lui prêtait la sanction des classes dirigeantes, aurait multiplié à l'infini les ramifications dérivées tour à tour et suivant les cas de causes ou d'occasions diverses : communauté de langue, voisinage ou indentité de profession, croyances ou convenances sociales.

Il en arrive par un détour à se rallier d'assez près au système orthodoxe des brâhmanes [1] : la prédominance peu à peu conquise par le sacerdoce serait la source principale de toute l'évolution [2]. En dépit d'une simplification outrée, la théorie des castes mêlées reste pour lui [3] un témoignage précieux de ce croisement incessant des populations dont le mélange en proportions variables est la cause capitale qui a multiplié les sectionnemens.

Si, dans sa rigueur, la règle endogamique de la caste appartient proprement à l'Inde, les règles exogamiques, dont nous avons constaté l'action

---

1. P. XXXIV suiv.
2. Art. *Brahman*, au commencement.
3. P. XVIII, XXXVI-VII.

parallèle, sont bien plus générales. A des degrés inégaux et sous des formes mobiles, l'exogamie est une loi universelle. Sous des noms changeans, les groupes exogames se retrouvent au sommet et à la base de la société hindoue : *gotras* éponymes chez les brâhmanes, clans unis par le totem chez les populations aborigènes, se rencontrent, se fortifient et parfois se fondent les uns dans les autres ; les classes inférieures sont toujours jalouses d'assimiler leur vieille organisation a cette législation brâhmanique dont l'adoption leur devient un titre de noblesse.

A ce point, nous retrouvons chez M. Risley comme chez M. Nesfield un sentiment très vif de l'action qu'ont exercée sur la condition définitive des castes les traditions et les coutumes des tribus autochthones. Mais, s'ils s'accordent à tirer nombre de castes du démembrement successif de peuplades autonomes, la part que chacun d'eux fait aux institutions de la tribu, plus exactement de la tribu aborigène, est singulièrement inégale : M. Nesfield y dénonce la source originale de plusieurs des lois qui régissent la caste, la règle endogamique par exemple ; M. Risley n'y cherche guère que des analogies curieuses avec les coutumes qu'a apportées de son côté l'élément âryen, telles que les restrictions exogamiques ; mais des faits si universels cessent d'être significatifs.

Les théories trop timides qui n'osent s'émanciper de la tradition hindoue restent impuissantes ; il ne faut pas moins se garder des théories trop vagues, trop compréhensives. Si la communauté d'occupation suffisait à fonder le régime des castes, il devrait régner dans bien d'autres pays que l'Inde. L'objection saute aux yeux. Elle ne condamne pas moins le système qui se contente, sans enchaînement historique, sans détermination précise, de signaler les lois de la caste comme une survivance de l'antique organisation de la tribu ou du clan.

Se réfère-t-on aux traits généraux d'une organisation si naturelle aux périodes archaïques de la sociabilité humaine qu'elle se retrouve chez les races les plus diverses ? On reste dans le vague ; on ne démontre rien. Si l'on songe uniquement ou même principalement à l'organisation des tribus aborigènes de l'Inde, si l'on admet qu'elle ait réagi avec une force si décisive sur la constitution générale du monde hindou, qu'une classe ambitieuse de prêtres s'en soit emparée, en ait fait une arme de combat, on retourne le courant probable de l'histoire, on prête à des mobiles trop minces une puissance disproportionnée. Tout indique que, dans la marche de la civilisation indienne, l'action déterminante appartient aux élémens âryens ; les élémens aborigènes n'ont exercé qu'une action modificatrice, partielle et secondaire.

Est-ce à dire que ce rapprochement de la caste et de la tribu soit stérile ? J'y vois au contraire, une notion neuve, capitale, mais à condition que l'on serre les faits d'un peu près, que l'éblouissement des généralités commodes ne fasse pas perdre de vue l'enchaînement nécessaire des réalités historiques. C'est ce qui me dispense d'entrer dans le détail des spéculations que les recherches récentes sur l'organisation juridique primitive ont occasionnellement consacrées à la caste. Celles mêmes qui se sont sagement confinées dans le domaine âryen [1], étant trop sommaires, ne sont guère entrées dans le vif de l'évolution. Nous en ferons à l'occasion notre profit. Mais nous avons touché du doigt le danger des thèses trop abstraites.

La caste n'existe que dans l'Inde. C'est donc qu'il en faut chercher la clef dans la situation spéciale de l'Inde. Sans fermer les yeux à d'autres clartés, c'est aux faits eux-mêmes qu'il faut

---

1. Je pense, par exemple, à M. Hearn, *The Aryan Household*.

demander des lumières, à l'analyse des élémens caractéristiques du régime, tels que l'observation nous les livre dans le présent et nous aide à les reconstituer dans le passé.

IV

La caste est le cadre de toute l'organisation brâhmanique. C'est pour venir au brâhmanisme que les populations aborigènes se constituent en castes, acceptent les règles strictes de la caste ; et le phénomène remonte très haut. Or, le brâhmanisme a pu se charger d'élémens étrangers, il a pu, au cours de l'histoire, subir des influences extérieures, il reste en somme dans l'Inde le représentant de la tradition âryenne. Sans exclure en aucune façon l'éventualité d'actions subsidiaires, nous sommes autorisés à chercher d'abord des sources âryennes à une institution qui nous apparaît si étroitement fondue avec la doctrine et la vie brâhmaniques.

L'histoire des vieilles sociétés âryennes repose sur l'évolution, variable suivant les lieux, de l'antique constitution familiale, telle que la comparaison des traits épars dans les diverses branches de la race permet d'en deviner la physionomie.

Par la notion de parenté qui la pénètre, par la juridiction qui y règle assez tyranniquement la vie privée, mariage, nourriture, usages cérémoniels, par la pratique habituelle de certains cultes particuliers, par son organisation corporative, la caste rappelle en effet le groupe familial tel qu'on l'entrevoit à ses degrés divers, dans la famille, la *gens*, la tribu. Ses traits originaux ne sont pas moins accusés. Il n'en est guère pourtant dont, en y regardant de près, on n'aperçoive le germe dans ce passé, encore que les élémens communs ne se soient pas ailleurs développés dans la même ligne ni également étendus. C'est au fond le même phénomène dont l'Inde nous donne bien d'autres exemples. En presque toutes les matières qui provoquent la comparaison avec les rameaux congénères de la souche âryenne, nous nous y heurtons tout ensemble à des coïncidences minutieuses et à des divergences profondes. La parenté perce jusque dans des élémens qui, évidemment, ont été coulés ici en un moule nouveau.

Des règles qui contrôlent le mariage dans la caste, les lois exogamiques qui excluent toute union entre gens relevant d'une même section, gotras ou clans de diverses sortes, se signalent par leur rigueur. Elles ont, dans toutes les sociétés primitives, exercé un large empire. Il s'atténua promptement dans les milieux où fleurit une constitution politique plus savante. Le principe en fut certainement familier à la race âryenne comme à d'autres. Au témoignage de Plutarque [1], les Romains, dans la période ancienne, n'épousaient jamais de femmes de leur sang. Parmi les matrones qui nous sont connues, on a remarqué que, en effet, aucune ne porte le même nom gentilice que son mari. Le gotra est proprement brâhmanique ; son rôle est certainement ancien. La règle exogamique plonge, à n'en pas douter, dans le passé le plus reculé des immigrans. Elle est si bien primitive, sous cette forme du gotra, qu'elle est antérieure à la caste ; elle en déborde le cadre ; les mêmes gotras traversent une foule de castes diverses. Le régime de la caste s'y est donc surajouté. Les deux institutions se sont fondues tant bien que mal, elles ne sont pas nécessairement liées. C'est exactement ce qui se passa à Athènes quand l'établissement des « dèmes » assigna à des districts différens des familles qui appartenaient à une *gens*, à un γένος unique.

C'est la loi endogamique qui nous frappe le plus, la loi qui n'autorise d'union qu'entre fiancés de même caste. Elle n'est guère moins répandue que la loi exogamique dans les phases primitives des sociétés humaines. Elle n'a pas seulement,

---

1. Cf. Kovalevsky, *Famille et Propriété primitives*, p. 19 suiv.

chez les peuples âryens, laissé des traces fort apparentes ; elle s'y lie à tout un ordre de faits et sentimens qui en révèle l'origine.

A Athènes, il fallait au temps de Démosthène, pour faire partie d'une phratrie, être né d'un mariage légitime dans une des familles qui la composaient. En Grèce, à Rome, en Germanie, les lois ou les mœurs n'accordent la sanction du mariage légal qu'à l'union conclue avec une femme de rang égal, citoyenne libre [1].

Tout le monde a présente à l'esprit la lutte séculaire que les plébéiens durent soutenir à Rome pour conquérir le *jus connubii*, le droit de se marier avec les patriciennes. On la prend couramment comme un conflit politique entre classes rivales. Elle couvre tout autre chose. Ce n'est pas seulement par orgueil nobiliaire, c'est au nom du droit sacré que les *gentes* patriciennes, de race pures, restées fidèle à l'intégrité de la religion antique, repoussaient l'alliance des plébéiens impurs, mêlés d'origine, destitués de rites de famille. Les patriciens obéissaient au même scrupule qui, dans un cadre nouveau, inspire aujourd'hui la loi endogamique de la caste. Mais, sous le régime de la caste, il va dans l'Inde s'aggravant, rétrécissant les avenues ; la lutte des classes à Rome,

1. Cf. Hearn, *op. laud.*, p. 156-7.

sous un régime politique, abaisse les barrières ;
bientôt elle étend le cercle, sans plus de distinction, à la catégorie entière des citoyens. A ce
point, et jusque dans des conditions si opposées,
l'analogie se poursuit en prolongemens curieux.
Le *connubium* déborde la cité ; il est accordé successivement à plusieurs populations amies. N'est-ce pas, toutes proportions gardées, la contre-partie de ce qui se passe dans l'Inde, quand des
sections de caste acceptent ou refusent le mariage
avec d'autres sections ? quand ce cercle varie,
suivant les lieux et les circonstances, avec une facilité qui semble ruiner la rigueur du précepte général ? Parallélisme tardif qui, dans deux courans
si divergens d'ailleurs, la caste hindoue et la cité
romaine, semble attester encore la parenté des
origines.

Même dans la théorie, un homme de caste supérieure peut épouser des femmes de caste plus
basse. Il n'en était pas autrement à Rome ou à
Athènes. Le devoir d'épouser une femme de rang
égal n'y excluait pas des unions avec des femmes
de souche inférieure, étrangères ou affranchies.
Tout semblable est dans la famille hindoue le cas
de la femme çûdrâ. Exclue par la théorie, elle
de l'est point dans la pratique, mais elle ne peut
donner le jour à des enfans qui soient les égaux

de leur père. Nous savons pourquoi. De part et d'autre se dresse entre les époux un obstacle irréductible, l'inégalité religieuse.

Suivant Manou[1], les dieux ne mangent pas l'offrande préparée par une çûdrâ. A Rome, il suffit de la présence d'un étranger au sacrifice de la *gens* pour offenser les dieux[2]. La çûdrâ est une étrangère ; elle n'appartient pas à la race qui, par l'investiture du cordon sacré, naît à la plénitude de la vie religieuse. Et, s'il est loisible aux hautes castes, à côté de la femme légitime et de plein droit, d'épouser une çûdrâ, encore l'union doit-elle être célébrée sans les prières consacrées[3]. Dans la conception âryenne du mariage, les époux forment le couple sacrificateur attaché à l'autel familial du foyer. C'est sur cette conception commune que repose en dernière analyse l'endogamie de la caste hindoue, comme les limitations imposées à la famille classique.

Il est interdit de manger avec des gens d'autre caste, d'user d'aliments préparés par des gens de caste inférieure. C'est une des bizarreries qui nous surprennent. Le secret n'en est pas impénétrable. Il faut songer au rôle religieux que, de tout

---

1. III, 18.
2. Fustel de Coulanges, *La Cité Antique*, p. 117.
3. *Ind. Stud.*, X, p. 21.

temps, les âryens assignent au repas¹. Produit du foyer sacré, il est le signe extérieur de la communauté de la famille, de sa continuité dans le passé et dans le présent ; de là les libations, dans l'Inde les offrandes journalières aux ancêtres. Là même où, par l'usure inévitable des institutions, le sens primitif a pu s'atténuer, il reste bien vivant dans le repas funèbre, le *perideipnon* des Grecs, le *silicernium* des Romains, qui, à l'occasion de la mort des parens, manifeste l'unité indissoluble de la lignée ².

Que le repas ait gardé pour les Hindous une portée religieuse, les preuves en abondent. Le brâhmane ne mange pas en même temps ni dans le même vase, non pas seulement qu'un étranger ou un inférieur, mais que sa propre femme, que ses fils non encore initiés ³. Il s'agit si bien ici de scrupules religieux qu'il est défendu de partager la nourriture, fût-ce d'un brâhmane, si, par une cause quelconque, encore qu'accidentelle, indépendante de sa volonté, il est sous le coup d'une souillure ⁴. Un çûdra même ne peut, sans contamination, manger le repas d'un dvija souillé.

1. Hearn, p. 32 ; Fustel de Coulanges, p. 182.
2. Leist, *Altarisches Jus Civile*, p. 201 suiv.
3. *Mânava Dh. Ç.*, IV, 43. *Apast Dh. S.*, II, 4, 9, 7 et la note de Bühler.
4. *Vishnu Smriti*, XXII, 8-10.

L'impureté se communique ; elle exclut donc de la fonction religieuse du repas. Et voilà pourquoi c'est en s'asseyant à un banquet commun avec ses compagnons de caste, que le pécheur qui a été temporairement exclu consacre sa réhabilitation. C'est en vertu du même principe que, dans le mariage solennel des Romains, les époux se partagent un gâteau en présence du feu sacré ; la cérémonie est essentielle : elle constate l'adoption de la femme dans la religion familiale du mari. Qu'on ne cherche pas là une bizarrerie isolée ; on a pu dire que, dans le culte qui unissait la curie ou la phratrie, l'acte religieux caractéristique était le repas fait en commun [1]. Les repas romains des Caristies, qui réunissaient la parenté, excluaient non seulement tout étranger, mais tout parent que sa conduite paraissait rendre indigne [2]. Les Perses avaient gardé des usages pareils [3]. Les repas quotidiens des prytanes étaient restés chez les Grecs un des rites officiels de la religion de la cité. Mais le menu n'en était pas indifférent. La nature des mets et l'espèce de vin qui y devaient être servis étaient définies par des règles qui variaient avec les

---

1. Fustel de Coulanges, p. 135.
2. Leist, *Altar. Jus Civile*, p. 49-50, 263-4.
3. *Ibid.*

lieux. En excluant tels ou tels alimens, l'Inde a pu généraliser l'application du principe ; elle ne l'a pas inventé. Lui aussi, il a dans le passé commun ses analogies et son germe.

Chose remarquable, les Hindous qui ont, sous d'autres aspects, conservé plus fidèlement que personne la signification du repas commun, qui l'ont, semble-t-il, étendue, se sont, plus que d'autres, éloignés du type primitif dans la forme liturgique du banquet funèbre, *çrâddha*. D'après la théorie, au lieu de réunir les parens, il est offert à des brâhmanes. Mais ils sont donnés comme représentant les ancêtres et reçoivent la nourriture en leur nom. Encore celui qui offre le sacrifice doit-il, symboliquement au moins, à la façon des ancêtres eux-mêmes, s'associer à eux. C'est bien, en dépit des notions nouvelles qu'y a pu introduire le rituel développé, la prolongation idéale du repas de famille.

Les brâhmanes invités doivent être choisis avec un soin qui rappelle la loi de pureté imposée aux convives primitifs. Si des brâhmanes sont substitués aux parens, la nouveauté s'explique assez par l'envahissement de la puissance sacerdotale[1]. Les commentateurs ne font-ils pas de même acquitter au profit des brâhmanes la composi-

1. Leist, *Altar. Jus Gentium*, p. 205.

tion du meurtre[1] ? Elle était pourtant bien certainement, dans le passé âryen, payée à la famille du mort. L'insistance que mettent les livres de lois à réserver les çrâddhas aux brâhmanes[2], trahit la tendance à laquelle ils obéissent. Une place reste toujours éventuellement réservée aux parens[3]. Il est visible, il ressort des restrictions mêmes, que, dans la pratique courante, les çrâddhas étaient l'occasion de vrais repas communs. Les Hindous en distinguent diverses sortes qui ne sont nullement liées aux funérailles[4]. Tel « çrâddha purificatoire » (*goshthî çrâddha*) semble bien être le reflet ritualiste de ce repas de caste qui célèbre la réintégration d'un membre coupable. En l'incorporant dans la série, on se souvenait qu'une parenté étroite en rattachait la signification à l'antique repas familial.

C'est de la sainteté du feu domestique qu'il dérive sa consécration. Dans l'antiquité romaine, l'exclusion de la communauté religieuse et civile s'exprime par « l'interdiction du feu », mais aussi et en même temps par « l'interdiction de l'eau. » Il semble de même, dans l'Inde[5], que l'association

---

1. Hopkins, *Journ. Amer. Orient. Soc.*, XIII, p. 113.
2. *Mânava Dh. Ç.*, III, 139 suiv.
3. *Ibid.*, III, 148.
4. *Ibid.*, III, 254.
5. Nesfield, § 189, 190.

d'un feu étranger et d'une eau polluée rende particulièrement impur l'aliment offert ou préparé par une main indigne. J'ai conté que des castes supérieures acceptent du grain rôti par certaines castes inférieures, mais à la condition qu'il ne contienne aucun mélange d'eau [1] ; que des Hindous, qui recevraient du lait pur de certains musulmans, le rejetteraient avec indignation s'ils le croyaient additionné d'eau. Dans les rites qui accompagnent l'exclusion de la caste, on remplit d'eau le vase du coupable, et un esclave le renverse en prononçant la formule : « Je prive d'eau un tel [2]. » On voit que ces notions ont, dans la vie âryenne, de lointaines attaches et de curieuses analogies. On s'explique du même coup comment certains textes, qui remontent à la période ancienne de la littérature sacerdotale, mettent au même rang l'admission à la communauté de l'eau et au *connubium* [3].

Le sens du repas commun et des interdictions corrélatives est si fortement marqué dans les mœurs qu'il frappe l'observateur contemporain dégagé de tout préjugé archéologique : « La communauté de nourriture, dit M. Ibbetson, est

---

1. *Ibid.*, § 82.
2. *Gautama Dh. S.*, XX, 2 suiv.
3. *Indische Stud.*, X, p. 77, 78.

employée comme le signe extérieur, la manifestation solennelle de la communauté de sang¹. » Les parens se rapprochent autour de la même table.

C'est le même principe, appliqué inversement, qui interdit la participation au même repas, et plus généralement tout contact, entre gens qui n'ont point part aux mêmes rites de famille. Cette tradition a laissé des traces ailleurs que dans l'Inde. Le *jus osculi*, le contact par l'accolade, constate la parenté². Le germe est donc ancien ici encore. L'impureté même du cadavre s'explique sans doute en partie par cette considération que la mort exclut forcément le défunt des rites. Elle le met donc en dehors de la famille ; son contact, sa présence, souillent les proches à la façon d'un *outcast*³. Souvenons-nous que l'exclusion de la caste est, par le cérémonial même, assimilée à la mort ; pour les deux cas, on célèbre les funérailles. L'impureté qui atteint les parens dans les jours de deuil est une conception commune à toute l'antiquité âryenne. L'impureté se transmet par le rapprochement. De l'homme elle s'étend à la femme et au serviteur. Il

---

1. Ibbetson, p. 185.
2. Cf. Leist, *Altar. Jus Civ.* p. 49-50, 261.
3. Leist, *Graeco-ital. Rechtsgesch.*, p. 34 suiv.

faut donc éviter avec soin tout attouchement qui souille, tout rapport avec des gens, qui, s'ils ne tombent pas sous le coup d'une souillure accidentelle, sont impurs par le fait qu'ils n'appartiennent pas à la communauté du même feu et de la même eau. Le développement de cette loi dans la caste est parfaitement logique.

Le tribunal même de la caste, avec sa juridiction limitée, ne manque pas d'antécédens. La famille antique a un conseil qui, à Rome, en Grèce, en Germanie, entoure et assiste le père dans les occasions graves, notamment quand il s'agit de juger un fils coupable [1]. L'exclusion de la famille fait pendant à l'exclusion de la caste. Des deux parts elle équivaut à une excommunication qui, sous sa forme la plus redoutable, s'exprime en latin par la qualification de *sacer* [2]. Elle crée chez les Romains une situation religieuse et civile fort analogue à celle de l'outcast, du *patita* hindou. La *gens* latine reconnaît un chef qui juge les litiges entre ses appartenans. A l'instar de la caste, les *gentes* prennent des décisions qui sont respectées par la cité [3]; comme

---

1. Leist, *Altar. Jus Civ.*, p. 273 suiv.; Kovalevsky, *Fam. et Prop. primit.*, p. 119 suiv.
2. Leist, *Græco-ital. Rechtsgesch.*, p. 319, al.
3. Fustel de Coulanges, *La Cité Antique*, p. 118-9.

les castes, elles obéissent à des usages particuliers qui obligent leurs membres [1].

En revanche, certaines familles védiques se distinguent par telles cérémonies, par une prédilection pour certaines divinités [2], où semble survivre le particularisme religieux qui réservait à la famille classique, à la *gens*, des cultes spéciaux et des rites exclusifs.

Bien que, en plusieurs cas, le culte d'un ancêtre commun ou d'un patron attitré rappelle dans l'Inde le culte gréco-romain des héros éponymes, on ne peut dire que ce soit dans la caste un trait saillant. L'individualisme religieux a fait ici, grâce à l'allure plus libre de la spéculation, des progrès qui ailleurs ont été entravés par l'avènement d'une constitution politique décidément opposée à toute innovation cultuelle. La religion a pu, dans l'Inde, se localiser, se fractionner à l'infini et, à l'occasion, se mobiliser avec une liberté inconnue dans les milieux classiques. C'est surtout dans la pratique, dans les usages inspirés directement par des conceptions très anciennes, que se manifeste, au sein de la caste, la continuité de la tradition.

---

1. Max Müller cité par Hearn, *op. laud.*, p. 121 ; *Ind. Stud.*, X, p. 88 suiv.
2. Becker-Marquardt, *Röm. Alterth.*, II, p. 49.

V

Nous touchons au nœud de cette recherche. Les rapprochemens que je viens de rappeler ont été pour la plupart reconnus déjà et signalés. Ce ne sont que des exemples, des indices. On en grossirait aisément le nombre. L'essentiel est d'en peser la signification.

Tout nous ramène aux élémens de la vieille constitution familiale ; le vrai nom de la caste est *jâti*, qui signifie « race ». Encore faut-il préciser. La famille n'était pas, à l'époque où les âryens de l'Inde se séparèrent pour suivre leurs destinées propres, le seul organisme social. Elle était enveloppée dans des corporations plus larges : le clan, la tribu. L'existence en est sûre, quoique les faits, variables et indécis, se laissent mal enfermer dans des définitions rigoureuses.

On a discuté, et assez confusément, sur la relation réciproque des différens groupes, sur l'ordre dans lequel il se sont formés. Il suffit que ces cercles concentriques, qui embrassent une aire de plus en plus vaste, soient, dans le monde âryen, conçus sur un même type. En sorte qu'on a pu considérer que le clan et la tribu, quels que soient les noms qu'ils prennent dans les différens pays, ne sont que l'élargissement de la famille ; ils en copient l'organisation en l'étendant[1]. Peu nous importe au fond leur généalogie. Le fait est que leur constitution respective est rigoureusement analogue. En parlant de constitution familiale, c'est, au même titre, la constitution de la tribu, du clan que j'ai en vue.

Les termes ici se correspondent très suffisamment : *gens*, curie, tribu à Rome ; famille, phratrie, *phylé* en Grèce ; famille, gotra, caste dans l'Inde. L'harmonie générale est frappante. Elle est d'autant plus instructive que, à l'origine, si l'on en juge par toutes les analogies, la différence la plus essentielle du clan à la tribu, comme de la section à la caste, se résume en ce que le groupe plus restreint est exogame, le groupe plus large, endogame. L'organisation politique a seulement, à l'époque assez tardive où les pays classiques nous sont bien connus, ébranlé ou déplacé certaines coutumes, et, par exemple, pour la règle d'endogamie, substitué à la seule tribu l'ensemble de la cité. S'il faut s'étonner, c'est de trouver que les principes directeurs aient

---

1. Hearn, p. 136 suiv.; Leist. *Altar. Jus Civ.*, p. 45, 82-3.

de part et d'autre, survécu dans des traces si sensibles à la séparation dès lors si ancienne des rameaux ethniques où nous en suivons les destinées.

Si la caste couvre exactement tout le domaine du vieux droit gentilice, ce ne peut être ni rencontre fortuite ni résurrection moderne. Encore moins est-ce par hasard que ses pratiques les plus singulières se rapportent exactement aux notions primitives et en continuent l'esprit. L'ensemble est complet, bien lié, étroitement soudé au passé, et cela en une matière qui domine souverainement la vie et les préoccupations les plus intimes. C'est donc une institution organique qui puise sa sève à des sources très profondes..

Les guildes du moyen âge font, par plus d'un usage, penser à des traits connus de l'organisation antique. Qui oserait prétendre qu'elles en soient les héritières directes? Des coutumes qui, sous l'empire d'idées nouvelles et d'une complète révolution morale, n'avaient survécu qu'en perdant dans la conscience publique leur signification et leur vie propre, y ont pu rentrer par des cheminemens plus ou moins obscurs : je veux que le patronage d'un saint y soit le reflet de l'éponymat des héros antiques, que le repas qui, à certains jours solennels, en réunissait les membres, soit un souvenir du repas de famille ; il n'y a pas d'un type à l'autre de transmission continue, de filiation immédiate. Rien dans les guildes qui corresponde à la solide cohésion de la corporation familiale. Elles ne sont pas seulement ouvertes à tout venant pourvu qu'il remplisse les conditions requises, elles n'imposent aucune entrave à la vie civile et privée de leurs membres. Les ressemblances sont, en quelque sorte, accidentelles et fragmentaires. Il est croyable que les repas qui, aujourd'hui encore dans nos campagnes, rassemblent après un enterrement les parents et les amis du défunt, ne sont pas sans connexité avec les repas funèbres de l'antiquité. Qu'importe si, dans ce long trajet, l'usage a perdu sa portée originaire ?

D'un tout autre ordre est la parenté qui lie la caste au système ancien de la communauté familiale. C'est de l'une à l'autre une continuité véritable, une transmission directe de la vie.

Est-ce à dire que l'Inde ait simplement conservé un type primitif de la constitution âryenne ? Telle n'est assurément pas ma pensée. Des prémisses communes, si la caste a pu sortir dans l'Inde, il est sorti dans les pays classiques un régime tout différent. Mais la caste est restée tout imprégnée de notions qui l'enchaînent à l'arrière-plan âryen. Comment, dans les conditions uniques où elles se trouvèrent transplantées sur le sol de l'Inde, ne se seraient-elles pas épanouies en une institution originale ? La physionomie en a été altérée au point de rendre d'abord méconnaissables dans la caste les types plus primitifs ; elle en est pourtant la légitime héritière. Nous n'avons rien fait tant que nous n'avons pas saisi le mécanisme de cette transformation.

Les hymnes védiques sont trop peu explicites sur les détails de la vie extérieure et sociale. Nous y voyons au moins que la population âryenne se répartit en nombre de tribus ou peuplades (*janas*) subdivisées en clans qu'unissent des liens de parenté (*viças*) et qui sont à leur tour fractionnés en familles. La terminologie du Rig-Véda est à cet égard passablement indécise ; le fait général est clair[1]. *Sajâta*, c'est-à-dire « parent » ou « compagnon de jâti », de race, semble dans l'Atharva-Véda désigner les compagnons de clan (*viç*). *Jana*, qui affecte une signification plus large, rappelle l'équivalent avestique du clan, la *zantou*, et la *jâti* ou la caste. Une série de termes,

---

1. Cf. Zimmer. *Altind. Leben*, p. 158 suiv.

vrâ vrijana vrâja vrâta, paraissent être des synonymes ou des subdivisions, soit du clan, soit de la peuplade. La population âryenne vivait donc à l'époque à laquelle se réfèrent les Hymnes, sous l'empire d'une organisation que dominaient les traditions de la tribu et des groupemens inférieurs ou similaires. La variété même des noms indique que cette organisation était assez flottante ; elle en était d'autant plus souple à se plier aux formes définitives que les circonstances devaient lui imposer dans l'Inde.

On entrevoit sans peine plusieurs des facteurs qui ont contribué, chacun pour sa part, à la pousser dans la voie où elle s'est développée.

De toute nécessité, la vie des envahisseurs demeura, au cours de leur lente conquête, sinon nomade, au moins très instable. Il est des peuplades dont nous suivons le déplacement. Cette mobilité était très défavorable à l'organisation d'une constitution politique, très favorable au maintien des vieilles institutions. Les hasards de la lutte locale ne pouvaient d'ailleurs manquer de réagir sur l'état des peuplades. En bien des cas, elles se disloquèrent. Tout en gardant la tradition des coutumes héréditaires, les tronçons se reconstituèrent sous l'action de nécessités et d'intérêts nouveaux, topographiques ou autres. La rigueur exclusive du lien généalogique en dut subir quelque atteinte. La porte était entr'ouverte à des principes de groupement variables.

L'assiette de la population a rarement en Orient la fixité à laquelle nous a habitués le spectacle de l'Occident. L'absence d'un état fortement constitué est ici tour à tour cause et effet. L'Inde a, jusque de nos jours, conservé quelque chose de cette mobilité. De tout temps les villes y ont été l'exception. Il est naturel que, à l'époque ancienne, nous n'en saisissions guère de traces. Même plus tard, les grandes capitales qui s'y sont fondées n'avaient pas de fortes racines ; elles ont vécu souvent d'une existence éphémère.

C'est le village, le *grâma*, qui, depuis les hymnes védiques jusqu'à ce temps-ci, est le cadre à peu près unique de la vie hindoue. Tel qu'il apparaît dans les Hymnes, il est plutôt pastoral qu'agricole. Des synonymes comme *vrijana*, qu'on ne peut séparer de *vraja*, « pâturage », évoquent les mêmes images. Et aussi *gotra*. Le mot n'est employé dans le Rig-Véda qu'avec le sens étymologique d' « étable ». Si pourtant nous le voyons ensuite désigner régulièrement le clan éponyme, l'usage est indubitablement ancien. Le Rig-Véda n'y fait point d'allusion ; cela prouve simplement une fois de plus quelle illusion périlleuse il y a à tirer du silence des Hymnes des conclusions positives. Cette application du mot ne se justifie du reste que par une étape intermédiaire. Très voisin de *vrijana* par sa signification première, il a dû traverser une évolution analogue ; il a dû être lui aussi un synonyme, au moins approximatif, de *grâma* ou village.

Le village hindou a toute une vie autonome. Dans plusieurs régions, il est une véritable corporation, et son territoire propriété commune : une organisation qui a provoqué de fréquens parallèles avec les communautés de village slaves. On a été amené à considérer le village comme l'équivalent du clan primitif : il en aurait perpétué, dans un établissement plus fixe, la communauté de sang, la communauté de biens et la juridiction. Je ne décide pas si partout les communautés de village sont dans l'Inde d'origine ancienne, si elles n'ont pas, en bien des cas et sous l'empire de conditions spéciales, reconstitué accidentellement un type social primitif. Elles témoignent au moins d'une puissante tradition de vie corporative. Parallèlement règne dans une vaste région le système de ces communautés de famille (*joint family*) où plusieurs générations restent groupées dans l'indivision et sous une autorité patriarcale.

L'esprit est ici opiniâtrement conservateur des vieilles institutions.

Ce n'est pas tout.

J'ai parlé de ces villages russes où la communauté de propriété et le rapprochement sur un même sol ont eu pour conséquence la communauté professionnelle. Le même fait s'est produit dans l'Inde. On n'en peut douter quand on songe aux nombreux villages de potiers, de corroyeurs, de forgerons, auxquels la littérature, la littérature bouddhique surtout, fait des allusions si fréquentes. La communauté de métier a pu d'autant mieux se propager de la sorte, si un lien de consanguinité unissait à l'origine les membres du village. Or il est sans cesse question de villages de brâhmanes. C'est donc que, souvent au moins, la parenté dominait les groupemens ; car, à coup sûr, pour des brâhmanes, la parenté était l'essentiel, non pas l'identité de profession ; ils vivaient infiniment moins de leurs fonctions rituelles que d'industrie agricole et surtout pastorale. Ce qui n'empêche que leur exemple n'ait pu cependant, en vertu d'une analogie superficielle, favoriser autour d'eux la communauté de métier, dans des groupes moins nobles et moins respectés.

La masse des immigrans âryens s'établit donc

en villages fermés, dominés plus ou moins par une notion de parenté réelle ou putative, formant en tout cas une corporation où, dans un cadre modifié, survivait le clan. Plus cette organisation était générale, plus elle devait imposer d'autre part aux corps de métiers eux-mêmes une constitution équivalente. Peu nombreux et peu spécialisés dans la période pastorale, ils étaient voués à un accroissement forcé par le développement économique et les progrès de la culture. Les représentans des professions mécaniques, là où la nécessité les éparpilla parmi les populations qui réclamaient leurs services, ne pouvaient, au sein d'une organisation universellement corporative, s'assurer une existence supportable qu'en s'adaptant au type commun.

C'est ici que les idées religieuses interviennent.

Les scrupules de pureté ne permettaient pas aux habitans des villages âryens de se livrer à certaines professions, ni même d'accueillir dans leur communion des compatriotes qui s'y seraient livrés. Parmi ces exclus, les mêmes délicatesses, établissant une échelle d'impureté entre métiers divers, tendaient à multiplier les cloisons. Le sentiment religieux les rendait d'autant plus infranchissables qu'il était plus soigneusement entretenu. La théocratie brâhmanique y pourvut avec une énergie et une persévérance uniques. En admettant que la classe sacerdotale n'ait pas d'abord établi sans protestation les formules absolues de son empire, elle en a sûrement jeté les fondemens de très bonne heure. Dès les périodes les plus hautes de la littérature, ses prétentions s'affirment en termes exaltés

La hiérarchie des classes ne pouvait créer de toutes pièces le régime des castes, — il dérive d'une division plus spontanée et correspond à un sectionnement beaucoup plus menu ; — elle y put aider. Elle avait donné l'exemple et l'habitude d'un fractionnement plus large, il est vrai, mais qui, à certains égards, n'était guère moins rigoureux. Elle eut surtout deux conséquences indirectes : par la domination qu'elle revendiquait pour les brâhmanes, elle conserva aux scrupules religieux une rigidité qui se répercuta dans la sévérité des règles de caste ; elle servit de base à cette hiérarchie qui est devenue partie intégrante du système, elle en facilita l'établissement en prêtant une force singulière aux notions de pureté qui en somme graduent l'étiage social.

Si la théocratie triomphante fixa le régime de la caste dans sa forme systématique, ce fut aux élémens mêmes d'où sortait cette théocratie que la caste emprunta directement sa raison d'être et son origine. C'est ainsi que l'échelle des castes, déterminée par les brâhmanes ou du moins sous leur inspiration, maintenue par eux, put se substituer à l'état plus ancien ; l'organisation moins précise des classes s'y résorba.

Dans l'antiquité classique la lente fusion des classes est à la fois le stimulant et le résultat de l'idée civile et politique qui se dégage. Dans l'Inde, la puissance théocratique enraie toute évolution en ce sens. L'Inde ne s'est élevée ni à l'idée de l'État ni à l'idée de la Patrie. Au lieu de s'étendre, le cadre s'y resserre. Au sein des républiques antiques la notion des classes tend à se résoudre dans l'idée plus large de la cité ; dans l'Inde elle s'accuse, elle tend à se circonscrire dans les cloisons étroites de la caste. N'oublions pas qu'ici les immigrans se répandaient sur une aire immense ; les groupemens trop vastes étaient condamnés à se disperser. Dans cette circonstance les inclinations particularistes puisèrent un supplément de force.

Je ne puis me persuader que la caste soit sortie de la tribu autochthone. Le régime a été trop énergiquement embrassé par les brâhmanes ; ils l'ont élevé à la hauteur d'un dogme. A tous ses élémens constitutifs les autres rameaux âryens opposent des analogies frappantes, plusieurs d'autant plus décisives que la parenté y éclate moins dans des rencontres extérieures que dans la communauté des idées directrices. Les tribus aborigènes, quand nous les voyons entrer dans le cadre brâhmanique, et si aisément que leur organisation assez fluide se plie à des exigences nouvelles, sont forcées, au passage, de la soumettre à bien des retouches. Elles gardent longtemps leur marque d'origine. On y discerne les traces persistantes d'un apport étranger qui détonne quelque peu dans l'ensemble, les clans à *totem* par exemple. Comment croire que les brâhmanes aient emprunté à des vaincus, pour lesquels ils n'ont cessé d'afficher le plus humiliant dédain, les règles compliquées de pureté au nom desquelles ils raffinent soit sur la nourriture, soit sur les rapports personnels ? Qu'ils se soient si volontiers approprié une organisation sociale qui ne serait pas spontanément sortie de leurs traditions propres ?

On a parfois admis trop facilement que les indigènes étaient d'eux-mêmes en possession de tout ce système [1]. Ils pouvaient, d'origine, en avoir certains traits ; il ne faut pas oublier pourtant que nous sommes ici exposés à plus d'une méprise.

---

1. Nesfield, § 189.

L'imitation des règles brâhmaniques s'est infiltrée jusque dans des populations restées d'ailleurs très barbares. Elles montrent à les adopter un penchant des plus forts. Tout en gardant les coutumes les moins orthodoxes, elles s'efforcent de s'adjoindre un clergé de brâhmanes, fort méprisé pour le concours qu'il leur prête, fort méprisant lui-même à l'égard de ses ouailles, mais dont, malgré tout, elles tiennent le patronage à grand honneur[1]. Le rite brâhmanique du mariage s'est implanté jusque dans des tribus qui n'appellent pas de brâhmanes à leurs cérémonies[2]. Telle caste très basse, comme les Râmoshis[3], où la limite exogamique est marquée par le *totem*, a pourtant beaucoup emprunté aux brâhmanes, non seulement sa légende généalogique, mais l'interdiction du mariage des veuves. C'est renverser les termes que d'attribuer aux aborigènes la paternité de pareilles restrictions. Aux étapes primitives, l'organisation et la coutume se ressemblent aisément d'une race à l'autre ; le mécanisme social est trop rudimentaire pour être très diversifié. Encore faut-il se garder de prendre des emprunts tardifs pour un bien héréditaire.

1. Ibbetson, p. 153-4.
2. Ibbetson, § 296.
3. *Poona Gazetteer*, I. p. 410, 423.

Tout indique cependant que le voisinage, le mélange des aborigènes, n'a pas été sans action sur l'établissement de la caste ; action indirecte peut-être, mais puissante. Le choc des âryens contre des populations méprisées pour leur couleur et pour leur barbarie ne pouvait qu'exalter chez eux l'orgueil de race, fortifier leurs scrupules natifs à l'endroit des contacts dégradans, doubler la rigueur des règles endogamiques, en un mot favoriser tous les usages et toutes les inclinations qui menaient à la caste. J'y comprends cet exclusivisme hiérarchisé qui couronne le système et qui, proprement, le transpose du domaine familial dans le domaine social et semi-politique.

Trop nombreux pour être entièrement asservis, les anciens maîtres du sol subirent l'ascendant d'un vainqueur mieux doué ; mais, là même où ils perdirent complètement leur indépendance, ils conservèrent en somme leur organisation native. Enveloppés dans une sorte de conversion plutôt que réduits par une force centralisée, ils contribuèrent certainement à entretenir dans l'ensemble du pays ce caractère si particulier d'instabilité et de flottement. Les peuplades continuèrent à s'y coudoyer comme autant de menues nationalités à demi autonomes. Cette population aborigène opposait ainsi à l'éclosion d'un régime politique organisé un obstacle énorme qui n'a jamais été franchi ; par ses exemples elle servait la cause des institutions archaïques ; de toute façon, elle favorisait donc le maintien du régime sous lequel le vainqueur avait d'abord poussé son expansion.

Plus tard, le mélange des deux races ne put qu'agir dans le même sens ; il prêta à ces précédens la force des habitudes et des instincts héréditaires. Le vieux cadre ne se consolidait-il pas au fur et à mesure que s'ouvraient à plus de retardataires les portes de l'hindouisme ? Encore que modifiée en un régime de castes sous l'empire de conditions que je cherche à dégager, l'organisation de la tribu était un point de rencontre assez naturel, étant donné leur état de civilisation respectif, pour les conquérans et les vaincus.

Nulle part dans l'antiquité, les âryens n'ont témoigné grand goût pour les professions manuelles. Les Grecs et les Romains les abandonnaient à des esclaves ou à des classes intermédiaires, affranchis, simples domiciliés. Établis en villages, d'abord d'industrie toute pastorale, les âryens étaient, dans l'Inde moins encore qu'ailleurs, poussés à s'y adonner. Elles durent rester en général le lot soit des aborigènes, soit des populations que leur origine hybride ou suspecte reléguait au même niveau.

En devenant gens de métier, les uns et les autres apportaient et leurs traditions et le désir de s'assimiler à l'organisation analogue de la race supérieure. La crainte de se souiller fermait aux âryens nombre de professions ; cette crainte pénétra, elle se généralisa dans cette population inférieure avec l'action religieuse des immigrés et de leurs prêtres. Elle ne pouvait manquer de multiplier parmi eux des sectionnemens échelonnés suivant l'impureté réputée plus ou moins grave des occupations : c'est ce qui arrive aujourd'hui encore sous nos yeux. Ainsi les aborigènes, trop nombreux pour tomber individuellement, en règle générale au moins, dans la condition d'esclaves domestiques, acculés par les circonstances aux métiers manuels, furent amenés, à la fois par leur tradition propre et par les idées qu'ils recevaient de l'influence âryenne, à se former en groupemens nouveaux dont la profession parut être le lien.

Ce mouvement accentuait, il complétait le mouvement parallèle qui, dans des conditions différentes, quoique sous l'empire de plusieurs idées communes, dut, comme nous l'avons vu, se produire parmi les âryens eux-mêmes. Ni d'un côté ni de l'autre, la communauté de profession ne fut le principe de l'agrégation ; on voit comment elle en put prendre l'apparence, non pas seulement pour nous, mais peu à peu aux yeux mêmes des Hindous. Inutile d'ajouter que, arrivé à ce point, et dans l'âge des formations secondaires, où l'usure de l'évolution oblitère les idées et les mobiles anciens ou en émousse la conscience, une analogie trompeuse en put faire réellement un facteur autonome de groupement. Ce ne fut là que le dernier terme du développement ; il était issu de sources bien différentes.

En dehors du jeu naturel des élémens extérieurs sociaux ou historiques, il faut tenir compte des mobiles moraux, des inclinations primitives et des croyances essentielles. Malheureusement des agens si subtils, d'une influence continue mais mal déterminée, ne sont pas faciles à mettre en lumière.

J'en ai touché en passant quelques-uns. L'âme hindoue est très religieuse et très spéculative ; gardienne obstinée des traditions, elle est singulièrement insensible aux joies de l'action et aux sollicitations du progrès matériel. Elle offrait un terrain prédestiné pour une organisation sociale faite d'élémens très archaïques, qui obéissait à une autorité sacerdotale prépotente, qui consacrait l'immutabilité comme un devoir et la hiérarchie établie comme une loi naturelle.

Ce régime se rattache surtout par une convenance frappante au plus populaire, au plus caractéristique peut-être, au plus permanent à coup sûr, des dogmes qui dominent la vie religieuse de l'Inde, à la métempsycose. L'immobilité des cadres dans lesquels la caste enferme la vie, se justifie et s'explique d'elle-même par une doctrine qui fonde la condition terrestre de chacun sur la balance de ses actions antérieures, bonnes et mauvaises. Le sort de tout homme est fixé par le passé : il doit être, dans le présent, déterminé et immuable. L'échelle des rangs sociaux correspond fidèlement à l'échelle infinie des mérites moraux et des déchéances morales.

Toutes ou presque toutes les sectes issues de l'hindouisme ont accepté la métempsycose comme une certitude indiscutable ; toutes ou presque toutes ont accepté la caste sans révolte. Le bouddhisme ne fait, du point de vue de la profession religieuse, aucune différence entre les castes. Toutes sont admises sans difficulté et sans distinction dans le corps des moines, toutes appelées au salut. Logiquement ces prémisses devraient aboutir à la suppression des castes. Il n'en est rien. La polémique directe ne s'élève que tardivement, et alors, — par exemple dans un livre qui y est tout consacré, la *Vajrasùcî*, — elle prend la forme spéciale d'une attaque dirigée contre les privilèges de la classe brâhmanique. C'est une lutte d'influence entre deux clergés, non une protestation systématique contre un régime hors duquel les bouddhistes eux-mêmes ne concevaient pas l'existence sociale.

Diverses sectes ascétiques suppriment de même pratiquement la caste ; elles admettent et rapprochent sans réserve dans leur ordre religieux tous les postulans. Chez plusieurs cette égalité se symbolise, lors de la consécration des adeptes, par la destruction solennelle du cordon sacré. Comment exprimer mieux la suppression de tout lien familial, la renonciation au monde ? C'est l'équivalent de ces cérémonies funèbres qui, je l'ai dit, signalent l'exclusion de la caste. Il s'agit, non de renverser un système qui est le fondement même de la vie nationale, mais de créer, à l'intérieur de ce cercle immense, un groupe plus ou moins étendu de saints qui s'évadent du monde et rompent tous ses liens. Pour la masse des adhérens, la caste subsiste incontestée ; dans nombre de cas, la nouvelle communauté de foi sert de levier à la création de sections nouvelles.

Nous ne sommes plus au temps où il pouvait être permis de présenter le bouddhisme ou le jaïnisme comme des tentatives de réforme sociale dirigées contre le régime des castes [1]. La résignation illogique avec laquelle ils s'y sont pliés, montre au contraire combien, à l'époque de leur fondation, il était profondément enraciné dans la conscience hindoue, soudé à ces croyances, à ces notions irréductibles, comme la doctrine du mérite moral, de la métempsycose, de la délivrance finale, dont ils recueillirent l'héritage sans protestation.

1. Cf. Oldenberg, *Le Bouddha*, traduct. Foucher, p. 155 suiv.

VI

Longtemps on a cru, sur le témoignage de Platon et d'Hérodote, que l'Égyte aurait été régie par le système des castes. C'est une vue abandonnée aujourd'hui par les juges les plus autorisés. Elle paraît décidément contredite par les monumens indigènes. Les Grecs, peu accoutumés à de vastes organismes héréditaires reliés par le privilège du rang ou la communauté de la fonction, pouvaient aisément, là où ils en rencontraient des types plus ou moins stricts, en exagérer l'importance ou l'étendue. Jusqu'à présent, l'Inde a seule révélé un régime universel de castes, au sens où nous l'avons constaté et défini. Tout au plus trouve-t-on ailleurs des traces accidentelles, des germes d'institutions analogues; elles ne sont nulle part généralisées ni coordonnées en système.

La Grèce a connu, à Lacédémone et ailleurs, plusieurs cas de fonctions et de métiers héréditaires. Malgré les incertitudes qui en obscurcissent l'interprétation, les noms que portent les quatres tribus (*phylé*) ioniennes de l'Attique sont bien des noms professionnels : soldats, chevriers, artisans¹. Ce ne sont assurément pas des castes. L'exemple prouve au moins que la tradition âryenne pouvait, sous l'empire d'une situation favorable, incliner vers la caste. L'enseignement est bon à retenir.

Un fait social qui domine un pays immense, qui s'enchevêtre dans tout son passé, a nécessairement plus d'une cause. A l'enfermer dans une déduction unique, trop précise, on s'égare à coup sûr. Des courans si puissans sont faits d'affluens nombreux. L'explication vraie doit, j'en suis convaincu, faire sa part à chacun des agens qu'on a tour à tour poussés au premier plan, dans un esprit trop systématique et trop exclusif. Il est bien d'autres pays où une race immigrante s'est trouvée juxtaposée à des occupans qu'elle a vaincus et dépossédés, et cette situation n'y a pas fait naître la caste. D'autres populations ont connu de fortes distinctions de classes, et la caste leur est demeurée étrangère. La théocratie s'accommode d'autres cadres. Il faut donc que le régime résulte dans l'Inde de l'action combinée de plusieurs facteurs. J'espère avoir discerné les principaux.

1. Schömann, *Griech. Alterth.*, éd. 1861, I, p. 327 suiv.

Tâchons d'embrasser d'un coup d'œil le raccourci de cette histoire.

Nous prenons les âryens à leur entrée dans l'Inde. Ils vivent sous l'empire des vieilles lois communes à toutes les branches de la race. Ils sont divisés en peuplades, clans et familles : plus ou moins larges, les groupes sont également gouvernés par une organisation corporative dont les traits généraux sont pour tous identiques, dont le lien est une consanguinité de plus en plus étroite. L'âge de l'égalité pure et simple de clan à clan, de tribu à tribu, est passé. Le prestige militaire et le prestige religieux ont commencé leur œuvre. Certains groupes, rehaussés par l'éclat des prouesses guerrières, fiers d'une descendance plus brillante ou mieux assurée, enrichis plus que d'autres par la fortune des armes, se sont solidarisés en une classe nobiliaire qui revendique le pouvoir. Les rites religieux se sont compliqués au point de réclamer, soit pour l'exécution des cérémonies, soit pour la composition des chants, une habileté spéciale et une préparation technique : une classe sacerdotale est née, qui appuie ses prétentions sur les généalogies plus ou moins légendaires qui rattachent ses branches à des sacrificateurs illustres du passé. Le reste des âryens est confondu dans une catégorie unique au sein de laquelle les divers groupes se meuvent dans leur autonomie et sous leurs lois corporatives. Des notions religieuses dominaient dès l'origine toute la vie ; le sacerdoce déjà puissant double ici le prestige et la rigueur des scrupules religieux.

Les âryens s'avancent dans leur nouveau domaine. Ils se heurtent à une race de couleur foncée, inférieure en culture, qu'ils refoulent. Cette opposition, le souci de leur sécurité, le dédain des vaincus, exaltent chez les vainqueurs l'exclusivisme natif, renforcent toutes les croyances et tous les préjugés qui protègent la pureté des sectionnemens entre lesquels ils se répartissent. La population autochthone est rejetée dans une masse confuse que des liens de subordination assez lâches rattachent seuls à ses maîtres. Les idées religieuses qu'apportent les envahisseurs y descendent plus ou moins avant, jamais assez pour la relever à leur niveau. Cependant, en s'étendant sur de vastes espaces où leurs établissemens ne sont guère cantonnés par aucunes limites naturelles, les envahisseurs se dispersent ; ébranlés par les accidens de la lutte, les groupemens primitifs se disjoignent. La rigueur du principe généalogique qui les unissait en est compromise : les tronçons, pour se reformer, obéissent aux rapprochemens géographiques ou à d'autres convenances.

Peu à peu se sont imposées les nécessités d'une existence moins mouvante. C'est dans des villages d'industrie pastorale et agricole que se fixe la vie devenue plus sédentaire ; et c'est d'abord par parentés qu'ils se fondent ; car les lois de la famille et du clan conservent une autorité souveraine ; on continue d'observer les usages traditionnels que sanctionne la religion. Les habitudes plus fixes développent les besoins et les métiers d'une civilisation qui est mûre pour plus d'exigences. Les corps d'état sont à leur tour enveloppés dans le réseau, soit que la communauté de village entraîne la communauté d'occupation, soit que les représentans dispersés d'une même profession dans des lieux assez voisins obéissent à une nécessité impérieuse en se modelant sur le seul type d'organisation usité autour d'eux.

Avec le temps deux faits se sont accusés : des mélanges plus ou moins avoués se sont produits entre les races ; les notions âryennes de pureté ont fait leur chemin dans cette population hybride et jusque dans les populations purement aborigènes. De là deux ordres de scrupules qui multiplient les sectionnemens, suivant l'impureté plus ou moins forte, soit de la descendance, soit des occupations. Si les principes anciens de la vie familiale se perpétuent, les facteurs de groupemens se diversifient : fonction, religion, voisinage, d'autres encore, à côté du principe primitif de la consanguinité dont ils prennent plus ou moins le masque. Les groupes s'acroissent et s'entre-croisent. Sous la double action de leurs traditions propres et des idées qu'elles empruntent à la civilisation âryenne, les tribus aborigènes elles-mêmes, au fur et à mesure qu'elles renoncent à une vie isolée et sauvage, accélèrent l'afflux des sectionnemens nouveaux. La caste existe dès lors. On voit comment elle s'est, dans ses diverses dégradations, substituée lentement au régime familial dont elle est l'héritière.

Un pouvoir politique eût pu subordonner ces organismes aux ressorts d'un système régulier. Nulle constitution politique ne se dégage. L'idée même n'en naît pas. Comment s'en étonner ? La puissance sacerdotale n'y peut être favorable, car elle en serait diminuée ; or son action est très forte et très soutenue ; elle paralyse même dans l'aristocratie militaire l'exercice du pouvoir. Le relief du pays ne constitue pas de noyaux naturels de concentration ; toute limite est ici flottante. La vie pastorale a longtemps maintenu un esprit de tradition sévère ; aucun goût vif de l'action ne l'entame. La population vaincue est nombreuse ; refoulée plus qu'absorbée, elle est envahie lentement par la propagande sacerdotale plutôt que soumise par une brusque conquête. Avec quelques tempéramens elle garde, là surtout où elle se cantonne et s'isole, beaucoup de son organisation ancienne. Par sa masse qu'elle interpose, par l'exemple de ses institutions très rudimentaires, par la facilité même avec laquelle ces institutions se fondent dans l'organisation assez sommaire des immigrans, elle oppose un obstacle de plus à la constitution d'un pouvoir politique véritable. Donc nul rudiment d'État

Dans cette confusion, la classe sacerdotale a seule, en dépit de ses fractionnemens, gardé un solide esprit de corps ; seule elle est en possession d'un pouvoir tout moral, mais très efficace. Elle en use pour affermir et pour étendre ses privilèges ; elle en use aussi pour établir, sous sa suprématie, une sorte d'ordre et de cohésion. Elle généralise et codifie l'état de fait en un système idéal qu'elle s'efforce de faire passer en loi. C'est le régime légal de la caste. Elle y amalgame la situation actuelle avec les traditions tenaces du passé où la hiérachie des classes a jeté les fondemens de sa puissance tant accrue depuis.

Sorti d'un mélange de prétentions arbitraires

et de faits authentiques, ce système devient à son tour une force. Non seulement les brâhmanes le portent comme un dogme dans les parties du pays dont l'assimilation se fait à une date tardive ; partout, grâce à l'autorité immense qui s'attache à ses patrons, il réagit par les idées sur la pratique. L'idéal spéculatif tend à s'imposer comme la règle stricte du devoir. Mais, des faits à la théorie, il y avait trop loin pour qu'ils aient pu jamais se fondre complètement.

Ce qui nous intéresse, c'est le chemin qu'a suivi l'institution dans sa croissance spontanée. Je puis donc m'arrêter ici.

La caste est, à mon sens, le prolongement normal des antiques institutions âryennes, se modelant à travers les vicissitudes que leur préparaient les conditions et le milieu qu'elles rencontrèrent dans l'Inde. Elle serait aussi inexplicable sans ce fond traditionnel qu'elle serait inintelligible sans les alliages qui s'y sont croisés, sans les circonstances qui l'ont pétrie.

Que l'on m'entende bien ! Je ne prétends pas soutenir que le régime des castes, tel que nous l'observons aujourd'hui, avec les sections infinies, de nature et de consistance diverses qu'il embrasse, ne contienne que le développement logique, purement organique, des seuls élémens âryens primitifs. Des groupes d'origine variée, de structure variable, s'y sont introduits de tout temps et s'y multiplient encore : clans d'envahisseurs qui jalonnent la route des conquêtes successives ; tribus aborigènes sorties tardivement de leur isolement farouche ; fractionnemens accidentels soit de castes proprement dites, soit de groupes assimilés. Il y a plus : ces mélanges qui, aggravés de combinaisons multiples, donnent à la caste de nos jours une physionnomie si déconcertante, si insaisissable, se sont, à n'en pas douter, produits de bonne heure. S'ils ont été en s'accusant, ils ont commencé dès l'époque où le régime se formait. Je l'ai dit déjà, je le répète à dessein : à condenser en une formule sommaire une conclusion générale, on risque de paraître outrer son principe ; effort de précision ou séduction de nouveauté, on risque de fausser, en l'étendant à l'excès, une pensée juste. Je ne voudrais pas que l'on me soupçonnât d'un entraînement contre lequel je suis en garde.

Ce que j'estime, c'est que, quelques influences qu'ils aient pu subir du dehors, quelques troubles qu'aient apportés les hasards de l'histoire, les âryens de l'Inde ont tiré de leur propre fonds les élémens essentiels de la caste, telle qu'ils l'ont pratiquée, conçue et finalement coordonnée. Si le régime sous lequel l'Inde a vécu n'est ni une organisation purement économique des métiers, ni un chaos barbare de tribus et de races étrangères et hostiles, ni une simple hiérarchie de classes, mais un mélange de tout cela, unifié par l'inspiration commune qui domine, dans leur fonctionnement, tous les groupes, par la communauté des idées et des préjugés caractéristiques qui les rapprochent, les divisent, fixent entre eux les préséances, cela vient de ce que la constitution familiale, survivant à travers toutes les évolutions, gouvernant les âryens d'abord, puis pénétrant avec leur influence et s'imposant même aux groupemens d'origine indépendante, a été le pivot d'une lente transformation.

Qu'elle ait été traversée d'élémens hétérogènes, je n'ai garde de l'oublier. D'ailleurs une fois achevée dans ses traits essentiels, elle a, cela va sans dire, comme tous les systèmes vieillissans où la tradition ne se retempe plus dans une conscience vivante des origines, subi l'action de l'analogie. Les principes qu'on a cru y découvrir, l'arbitraire même, armé de faux prétextes y ont fait leur œuvre. Pour être accidentelles ou secondaires, ces altérations n'ont pas laissé que de jeter quelque désarroi dans la physionomie des faits. Je n'y insiste pas cependant. On en retrouvera au besoin les sources dans les détails que j'ai eu l'occasion de signaler en passant.

Même à nous enfermer dans la période de formation, combien nous souhaiterions de fixer des dates ! Ce que j'ai dit de la tradition littéraire expliquera que je n'en aie pas de précises à offrir. Des institutions anciennes ne s'imprègnent que par progressions insensibles d'un esprit nouveau ; des mouvemens qui peuvent, suivant les circonstances, marcher d'un pas inégal dans des régions diverses, ne se manifestent dans les témoignages que lorsque l'ordre antérieur est devenu tout à fait méconnaissable. Ils sont obscurs parce qu'ils sont lents. Ils ne supportent pas de dates rigoureuses. Tout au plus pourrait-on se flatter de déterminer à quel moment le système brâhmanique, qui régit théoriquement la caste, a reçu sa forme dernière. La prétention serait encore trop ambitieuse. Nous pouvons nous en consoler ; nous n'en serions pas beaucoup plus avancés, s'il est vrai que ce système résume l'idéal de la caste dominante plus qu'il ne reflète la situation vraie.

Même en ce qui concerne le Véda, la valeur des indices qu'il apporte n'est rien moins que définie. Il faudrait savoir s'il épuise bien l'ensemble des faits contemporains, s'il les rend intégralement et fidèlement. C'est ce dont je n'estime pas du tout que nous soyons certains. Ce qui est sûr c'est qu'on y voit saillir encore en un plein relief cette hiérarchie de classes qui s'est plus tard résolue dans le régimes des castes. Il est pourtant indubitable que, dès la période védique, les causes avaient commencé d'agir qui, par leur action combinée et suivie, devaient sur le vieux tronc âryen greffer un ordre nouveau.

Les âryens de l'Inde et les âryens du monde classique partent des mêmes prémisses. Combien les conséquences sont de part et d'autre différentes !

A l'origine, les mêmes groupes, gouvernés par les mêmes croyances, les mêmes usages. En Grèce et en Italie, ces petites sociétés s'associent et s'organisent. Elles s'étagent en un système ordonné. Chaque groupe conserve dans sa sphère d'action sa pleine autonomie ; mais la fédération supérieure qui constitue la cité embrasse les intérêts communs et régularise l'action commune. Le chaos prend forme sous la main des Grecs. Les organismes disjoints se soudent en une unité plus large. Au fur et à mesure qu'elle s'achève, l'idée nouvelle qui en est l'âme latente, l'idée politique, s'ébauche. Comme la caste, la cité est issue de la constitution primitive commune ; jetée dans le moule des mêmes règles religieuses, des mêmes traditions, mais inspirée par des nécessités nouvelles, elle dégage un principe nouveau d'organisation. Elle se montre capable de s'élargir, de s'affranchir des barrières qui ont soutenu, mais aussi contenu ses premiers pas. Plus tard, elle suffira, en se transformant, aux besoins des révolutions de mœurs et de pouvoir les plus profondes.

Dans l'Inde la caste continue les antiques coutumes ; elle les développe même à plusieurs égards dans leur ligne logique ; mais elle perd quelque chose de l'impulsion qui avait créé les groupes primitifs et elle n'en renouvelle pas l'esprit. Des notions diverses se mêlent ou se substituent ici au lien généalogique qui avait noué les premières sociétés. En se modifiant, en devenant castes, elles ne trouvent pas en elles-mêmes de principe régulateur ; elles s'entrecroisent, chacune isolée dans son autonomie jalouse. Le cadre est immense, sans limites précises, sans vie organique ; masse confuse de petites sociétés indépendantes, courbées sous un niveau commun.

La langue classique de l'Inde se distingue des langues congénères par une singularité frappante. Le verbe fini a peu de place dans la phrase ; la pensée s'y déroule en composés longs, de relation souvent indécise. Au lieu d'une construction syntactique solide où le dessin s'accuse, où les incidences se détachent elles mêmes en propositions nettement arrêtées, la phrase ne connaît guère qu'une structure molle où les élémens de la pensée, simplement juxtaposés, manquent de relief. Les croyances religieuses de l'Inde ne se présentent guère en dogmes positifs. Dans les lignes flottantes d'un panthéisme mal défini, les oppositions et les divergences ne se soulèvent un moment que pour s'écrouler comme un remous instable dans la masse mouvante. Les contradictions se résolvent vite en un syncrétisme conciliant où s'énerve la vigueur des schismes. Une orthodoxie accommodante couvre toutes les dissidences de son large manteau. Nulle part de doctrine catégorique, liée, intransigeante. Sur le terrain social, un phénomène analogue nous apparaît dans le régime de la caste. Partout le même spectacle d'impuissance plastique.

Quelque sève qu'il ait empruntée aux circonstances extérieures et historiques, c'est bien le fruit de l'esprit hindou. L'organisation sociale de l'Inde est à la structure des cités antiques ce qu'est un poème hindou à une tragédie grecque. Aussi bien dans la vie pratique que dans l'art, le génie hindou se montre rarement capable d'organisation, c'est-à-dire de mesure, d'harmonie. Dans la caste tout son effort s'est épuisé à maintenir, à fortifier un réseau de groupes fermés, sans action commune, sans réaction réciproque, ne reconnaissant finalement d'autre moteur que l'autorité sans contrepoids d'une classe sacerdotale qui a absorbé toute la direction des esprits, Sous le niveau du brâhmanisme, les castes s'agitent, comme les épisodes se heurtent désordonnés dans la vague unité du récit épique. Il suffit qu'un système artificiel en masque théoriquement le décousu.

Les destinées de la caste sont, à y bien regarder, un chapitre instructif de la psychologie de l'Inde.

FIN

TABLE

                                                                                  Pages

AVANT-PROPOS..............................

LES CASTES DANS L'INDE.

Chap. I. — LE PRÉSENT......................... 1
I. Notions générales. — II. Les lois du mariage. — III. L'hérédité des occupations. — IV. Les rapprochements et les contacts impurs. — V. Règles diverses. La religion et la caste. — VI. Organisation et juridiction. — VII. Désintégration et multiplication des castes.

Chap. II. — LE PASSÉ........................... 107
Le système bràhmanique des castes. Les Dharmaçàstras et l'Epopée. — II. Les Bràhmanas et les Hymnes védiques. — III. Caractères et origines du système. Classes et castes. — IV. Les origines d'après la légende. Les rivalités entre prêtres et nobles.

Chap. III. LES ORIGINES........................ 173
I. Les systèmes d'explication. Les traditionnalistes. — II. La profession comme fondement de la caste. MM. Nesfield et Ibbetson. — III. La race comme fondement de la caste. M. Risley. — IV. La caste et la constitution àryenne de la famille. — V. Genèse de la caste hindoue. — VI. Vue d'ensemble. La caste et l'esprit indien.

www.ingramcontent.com/pod-product-compliance
Lightning Source LLC
Chambersburg PA
CBHW070746170426
43200CB00007B/664